COLLECTION FOLIO

Laurent de Wilde

Monk

Gallimard

Laurent de Wilde est né en 1960, à Washington, de parents français. De retour en France, il poursuit des études de philosophie et entre à l'École normale supérieure, rue d'Ulm. Attiré par la musique de jazz, il s'installe à New York où il demeure sept ans. Il y enregistre six albums sous son nom. Il a reçu, en 1993, le prix Django Reinhardt, qui récompense le meilleur musicien de l'année.

Monk a obtenu le prix Charles Delaunay 1996 et le prix Pelléas 1997.

New York, New York, New York. Ça grouille, là-dedans. Le monde entier s'y concentre. Un grand, grand salon. Du verre, de la brique, du fric, du bruit, du néon, des pompiers, des trous, des étés moites. Du jazz, plein. Quand on regarde Manhattan de bateau, en arrivant par le sud de l'île, on voit quelque chose de solide, élancé et fier. Épaules minces mais musclées, taille étroite, les pieds bien à plat. Costume taillé près du corps. Pas gros poussah, comme Los Angeles, ou haltérophile, façon Dallas. Non, Manhattan, vue d'en bas, c'est plus un coureur de fond, ou un sauteur à la perche, peut-être. Ça, c'est la façade, la réclame. Et puis quand on rentre dedans, ce sont les coulisses. Ça vibre, pète, construit, oublie, dévore. Je ne comprends pas comment cette ville a pu recevoir l'invraisemblable sobriquet de Grosse Pomme. C'est gentil, une grosse pomme, ça a les joues rondes et la queue en l'air, sans penser à mal. C'est plutôt un truc de la cambrousse, pas prétentieux. New York, ce serait plutôt l'inverse. Les musiciens de jazz disent que c'est eux qui ont ainsi baptisé la ville, car quand on s'y rendait pour jouer, on savait qu'il fallait être fin prêt, au risque de se griller définitivement. Alors on avait quelque chose qui serrait autour du cou, et c'était dur d'avaler, tellement on avait une grosse pomme d'Adam. Si cette histoire est vraie, alors cette ville il faut la rebaptiser. Les Grosses Boules, cela me semble plus adéquat. Bienvenue aux Grosses Boules, son casino, ses bains de mer.

Thelonious Monk ne s'est jamais posé ce problème : il est quasiment un New-Yorkais de naissance. Les biographies officielles, après quelques cafouillages chronologiques, ont fini par traquer sa naissance à Rocky Mount, dans l'État de Caroline du Nord, le 10 octobre 1917. Pendant que sur le Vieux Continent explosait la révolution russe, les États-Unis se faisaient, en catimini, leur petit Octobre noir : naissance d'un génie du jazz... Quand il a quatre ans, voilà sa famille qui s'installe à New York, et elle y reste, toujours au même endroit, dans un quartier à l'ouest de Manhattan : San Juan Hill. Monk partage donc ce privilège d'habiter la capitale du jazz avec Max Roach, Bud Powell, et puis c'est tout. Les autres compères de l'aventure bebop, les Dizzy Gillespie, les Miles Davis,

Charlie Parker, Art Blakey, Oscar Pettiford, Kenny Clarke, et j'en passe, tous ont fait le Voyage, tous sont montés à la Mecque, terminus la Grosse Pomme, pour faire leurs preuves. Pas Monk. Il est là, au centre de la ville, depuis le début.

Quand on n'habite pas New York et qu'on fait du jazz, on a toujours l'impression de rater quelque chose. Aussi, quand l'orchestre de Duke Ellington ou de Fletcher Henderson passe en ville, on court, on court, on laisse tout derrière, et on se débrouille pour se faufiler dans les coulisses ; et si on a de la chance et du culot, on fait le bœuf plus tard dans la soirée avec quelques membres de l'orchestre pour s'entendre dire : tu sais que tu joues pas mal, petit, si tu montes à New York, passe-moi un coup de fil... Monter à New York... Voir Harlem... Harlem, la classe. Harlem Rag, Harlem Stride, Harlem Hunch, Harlem, Harlem. Les maîtres, les mitres, les papes, les papas du jazz.

Pour Monk, pas de voyage à faire. Xanadu, c'est chez lui. On ne peut pas l'impressionner, lui faire croire des trucs. Il sait. Il a grandi dans ce coin qui est devenu depuis lors le prestigieux Lincoln Center, un quartier connu, avant San Juan Hill, sous le nom de « the Jungle ». 243 West 63ᵉ Rue. À deux pas de chez James P. Johnson, de Willie « the Lion » Smith, de Stephen « Beetle » Henderson, les grands anciens du jazz de New York. On imagine le petit Thelonious qui se promène dans son quartier, et qui entend James P. par la fenêtre tripoter sur son clavier les accords de ce qui deviendra sa célèbre *Harlem Symphony*. Des sons de premier choix. Des sons de son quartier. Deux incendies, dont un grave, dix fois le tour du monde, le succès international, avec tout le fric qui va avec, rien de tout cela ne le fera bouger de son quartier, comme si c'était sa source d'énergie et d'inspiration. Et quand à la fin de sa vie son désir se met en panne et qu'il arrête de jouer, qu'il se retire en lui comme il se retire du monde, c'est en face qu'il s'installe, de l'autre coté de la rivière qui sépare Manhattan du New Jersey.

Chez son amie la baronne Pannonica de Koenigswarter, à Weehawken, de grandes fenêtres offrent au visiteur la vue splendide d'un New York de carte postale. Quand on a connu le ventre acide de cet ogre, que l'on voit couché sur le dos les deux pieds en l'air, on se prend à soupirer : il n'y a sans doute pas de sentiment plus étrange, plus ambigu, que de voir New York de son salon. Quand on s'appelle Pannonica, que l'on est née Rothschild, et qu'on est la bonne fée et la marraine de ces drôles de types qui jouent du jazz et dont le monde s'obstine à ignorer le génie, alors il me semble que voir New York de son salon doit être un sentiment foutrement aristocratique. Au-dessus de la mêlée, en quelque sorte. On traverse le pont et l'on est dans la fournaise ; l'heure venue, on regagne le frais des berges d'en face et l'on songe, au calme, à ce que l'on a vu ou entendu. On invite des musiciens à venir répéter, jouer au ping-pong, se détendre : relais et châteaux. Citron pressé l'été, chocolat chaud l'hiver, toujours de la gnôle au placard et de l'herbe à fumer, la maison de la baronne, avec ses innombrables chats et son piano le long des fenêtres, semble être un havre de luxe pour inadaptés sociaux.

Mais Monk est malade. Physiquement, mentalement. Il habite chez son amie la baronne non pour guérir, mais pour mourir. Vingt-cinq ans et vingt-huit jours séparent son premier enregistrement pour Blue Note de sa dernière apparition discographique au sein des Giants of Jazz. Sa vie musicale avait bien sûr débuté bien avant, et continua bien après, puisque sa dernière apparition publique est signalée en 1976 au festival de jazz de Newport. Mais j'aime ce compte, arbitraire et rond, de vingt-cinq ans : un phantasme de biographe, une vraie paresse. Vingt-cinq ans qui ont chamboulé l'histoire de la musique. Vingt-cinq ans de sons visionnaires, de remarques elliptiques, d'ardeur, de patience. Visitons.

1

Jeunesse

Thelonious Monk grandit dans le quartier de San Juan Hill, avec sa mère Barbara Sphere Batts, sa sœur aînée Marion et son frère cadet Thomas. Son père, Thelonious Senior, retourna dans le Sud quelques années après leur installation, à la suite dit-on d'une grave maladie, et disparut de la circulation jusqu'à sa mort en 1969 dans un hôpital de Long Island, tout près de chez son fils qui ne savait rien de cette ultime proximité. À cette époque, ce quartier constituait une des plus fortes densités de population noire à New York, beaucoup plus que Harlem qui demeura un quartier chic jusqu'à la fin de la Première Guerre mondiale. Comme cela ne devait pas manquer d'arriver, de nombreuses et importantes révoltes secouèrent en 1905 ces quelques dizaines de pâtés de maisons dans lesquels s'entassaient plus de vingt mille Noirs dans des conditions particulièrement sordides.

À la suite de ces émeutes, et en souvenir

même du nom de San Juan Hill, colline chèrement conquise par les troupes noires de l'armée américaine qui luttèrent pour l'indépendance de l'île de Cuba et qui maintenant peuplaient ce petit coin de Manhattan, le président Theodore Roosevelt décida de lancer un vaste programme de réhabilitation du quartier, et y fit construire des immeubles à loyer modéré répondant aux standards de confort moderne de l'époque. Ce fut ainsi au rez-de-chaussée d'un de ces immeubles que la famille Monk trouva un appartement. Heureux bénéficiaire d'un des rares sursauts démocratiques de la promotion immobilière new-yorkaise, Thelonious vécut donc très tôt dans un îlot de dignité et de confort modeste mais bienvenu qui l'élevait légèrement au-dessus de la misère plus généralement partagée par ses frères de peau. Précisons enfin que ce quartier de New York a représenté pendant longtemps un centre d'activité essentiel dans la lutte des Noirs pour leurs droits civiques, et, partant, pour la reconnaissance de leur culture comme partie intégrante de la vie américaine.

Esprit brillant, Monk est bon élève, très bon élève, en particulier en maths et en physique (ce qui est souvent le cas chez les musiciens), et cela lui vaudra d'être un des rares étudiants noirs à suivre ses études secondaires au très compétitif Peter Stuyvesant High School. Il s'y sent un peu à part. Il faut dire que s'appeler Thelonious, comme son père, avoir comme deuxième prénom celui de sa mère, Sphere, et des oncles et tantes paternels qui répondent aux noms étranges de Lorenzo ou Squalillian ne prédestinent pas à l'incognito. Ils ont dû se marrer, en cour de récré. Il est d'ailleurs vite connu dans la petite communauté des environs et restera très longtemps, heures de gloire incluses, une figure populaire de San Juan Hill. Fasciné par les camions de pompiers, il est dans ses jeunes années la mascotte de la caserne d'à côté. Redoutable joueur de basket-ball, détail d'importance dans une ville où ce sport se pratique à chaque coin de rue. D'après les témoignages, nous avons donc affaire à un garçon tout à fait intégré à la vie de son quartier, dans lequel il rencontrera très vite ses premières amours en la personne de Ruby, la meilleure copine de sa sœur (*Ruby, my dear...*), et puis, très jeune, celle qui deviendra sa femme et compagne de toute une vie, Nellie.

On sait qu'il apprit un peu de trompette, puis changea d'instrument lorsqu'un piano mécanique fit irruption dans la maison. Fascination d'un gamin de cinq ans devant des touches qui s'enfoncent toutes seules. Le meilleur professeur de piano que l'on puisse imaginer, aussi, puisqu'on entend la musique tout en voyant le clavier qui l'exécute sous ses yeux, à la vitesse que l'on veut. La légende prétend que c'est ainsi qu'Art Tatum apprit à jouer, en s'appliquant à reproduire à deux mains des musiques de piano mécanique conçues pour quatre. Cela explique sans doute également le goût précoce de Thelonious pour le style stride, très en vogue à l'époque, disponible en rouleaux pour l'instrument mécanique. Comme dans toutes les familles respectables, la grande sœur fait du piano, et le petit frère apprend par la même occasion. Monk dira par la suite que c'est comme ça qu'il apprit à lire la musique : par-dessus l'épaule de sa sœur.

Vers l'âge de onze ans, il accède à l'enseignement personnalisé du professeur de Marion, Mr. Wolff, et complète son apprentissage par des cours de théorie au conservatoire de quartier. On se rend rapidement compte alors qu'il suffit au jeune garçon d'entendre une mélodie une seule fois pour qu'il la reproduise sans effort sur le piano. Le don. C'est bien connu, il y a des gens qui naissent avec ça, et Thelonious en fait indubitablement partie. Rapidement, il met à profit ses connaissances pour jouer à des fêtes de quartier, où il se familiarise avec le métier dont il sait déjà, dit-il, qu'il sera plus tard le sien. Ça, c'est pour le profane. Pour le sacré, ce sont les dimanches à l'orgue de l'église baptiste de St. Cyprien, vers l'âge de neuf ans, en accompagnement de sa maman qui chante à la chorale.

La seule allusion directe que l'on retrouve de ces dimanches à l'église dans la musique de Monk est une petite pièce de 53 secondes insérée, est-ce un hasard, dans un de ses albums les plus tributaires de son passé : « *Monk's Music* » (Riverside, 1957). Sur la pochette, on y voit Thelonious, assis avec une superbe désinvolture dans une de ces éternelles petites carrioles pour enfants. Parmi les musiciens qui figurent dans cet enregistrement, le saxophoniste Coleman Hawkins, première grande figure du jazz à lui avoir mis le pied à l'étrier, quatorze ans auparavant. Comment ne pas voir dans cet album un hommage de Monk à son propre passé ? Poussons l'idée un peu plus loin : ce petit cantique, orchestré sans piano avec une rigueur contrapuntique parfaitement convaincante, s'intitule *Abide with me* (également le préféré de Fats Waller). Qui en est l'auteur ? Un compositeur du XIXe siècle nommé... Monk.

Ces débuts à l'orgue pourraient d'ailleurs expliquer bien des choses sur l'incroyable jeu de pieds de Thelonious. Cette habitude de jouer des notes au pédalier, prise très tôt, me semble faire partie intégrante et irréversible de son langage corporel, même quand il est au piano (entendre cette voix grave supplémentaire, lorsque l'on voit les chaussures de Monk dessiner des volutes compliquées sous un instrument qui ne comprend, au mieux, que trois misérables pédales dites « d'expression » ! Qu'est-ce qu'il joue ? Un *fa* ? Un *si* ?).

Nous le retrouvons vers ses dix-sept ans décidé, avec l'appui confiant quoique soucieux de sa mère, à embrasser une carrière de musicien. Encore le sacré : il part en tournée des États-Unis avec une évangéliste itinérante pendant près de deux ans. Trompette, saxophone, batterie et piano (pas de basse, trop encombrante) forment cet orchestre qui ponctue les prêches de l'apôtre ambulante. Comme Monk le dit lui-même avec un humour laconique :

— On faisait du rock'n roll, ou du rythm'n blues, mais à l'époque ils appelaient ça autrement. Elle prêchait et guérissait, et nous, on jouait.

Débuts musicaux plutôt atypiques pour celui qui deviendra un des instigateurs de la révolution bebop. De toute évidence, Monk ne rêve pas de monter à New York (puisqu'il y est déjà), il ne louche pas sur les grands orchestres qui lui offriraient une place au soleil. Chez Monk, pas d'arrivisme, et surtout pas d'impatience.

Cet épisode de son apprentissage me semble essentiel. Le fait qu'il ait commencé sa carrière à l'église n'a rien de vraiment surprenant. Chez les musiciens noirs américains, le lieu du culte est souvent une source à laquelle ils puisent leur première inspiration musicale. On peut même tenter une analyse musicologique sur le style de Monk, et son rattachement à ce tronc commun qu'est la musique d'église : la simplicité si j'ose dire biblique de ses accords (ses *voicings*), dont les voix se déplacent suivant des règles nouvelles et pourtant familières. Et aussi l'allégeance infaillible de ces accords à des mélodies impériales, souvent tyranniques pour l'harmonie...

Mais partir si longtemps en tournée avec une évangéliste, voilà qui est plus rare. Beaucoup de choses ont déjà été écrites sur ce genre de musique, classé alternativement, selon l'instrumentation, sous les rubriques « soul music », « gospel » ou « negro spirituals », et plus commodément réuni sous le genre, plus vaste et plus parlant, de « church music ». Musique d'église. Les Européens entendent par cette expression quelque chose de très différent : au pire, *Plus près de toi, mon Dieu,* au mieux le *Requiem* de Mozart. Dans une église baptiste en particulier, la musique est une expérience beaucoup plus intense, plus physique. Elle commande la danse, le mouvement. Elle est la colle qui soude les âmes et les corps entre eux pour s'élever vers Dieu. Elle est le rythme de l'extase mystique.

Et pour un musicien de jazz, l'exécution de

cette musique soulève beaucoup de points intéressants, même s'ils ne sont pas énoncés comme tels. Et en particulier *pour qui* on joue de la musique. Question innocente dont la réponse conditionne un monde entier d'attitude, d'esthétique, de vie. Dans la mesure ou le jazzman est un improvisateur, il se démarque en cela de la plupart des autres musiciens, classiques, pop, rock ou traditionnels qui s'attachent à *une* version d'un morceau, et se contentent de la rejouer telle quelle de concert en concert. Quand bien même ils seraient tentés de changer en plein concert quelque chose à cette routine musicale, ils se verraient rappelés à l'ordre par un public mécontent, qui n'aime pas que l'on touche à ses certitudes. En revanche, le musicien classique se posera le délicat problème de l'interprétation, qui entraîne un nombre infini de cas de conscience ; le musicien de hard rock se posera celui de l'énergie (dont les secrets peuvent s'étendre de la diététique à la numérologie, selon la gravité des convictions) ; et ainsi de suite. Mais tous sont libérés de ce poids qui exige de l'improvisateur de jazz, à chacun de ses concerts, une excellence immuable, ainsi qu'un renouvellement incessant des moyens pour l'atteindre. Être toujours neuf, toujours bon, c'est ça le problème de l'improvisation.

Et puis, la plupart du temps, un musicien

jouera de la musique *pour* quelqu'un d'autre : la fosse d'orchestre pour la cantatrice, le musicien de variétés pour un chanteur, l'orchestre de bal pour les danseurs, etc. Mais le jazz tel qu'il va se jouer à l'époque de Monk et du bebop n'est *pour personne.* Il est de moins en moins une musique de danse. Il ne renvoie qu'à lui-même. Ou plutôt à tout en même temps : le jazzman joue pour lui, car c'est en lui-même qu'il trouvera cette invention nécessaire à chaque instant. Il joue aussi pour les autres membres de l'orchestre, puisque l'influx qu'il imprime au reste du groupe propulse celui-ci dans telle ou telle direction. Il joue enfin pour le public, dont l'attention est primordiale pour atteindre un degré de concentration suffisant, et dont l'enthousiasme est l'indice d'un plaisir partagé.

On objectera : même problème avec la musique classique dite « de chambre ». Mais dans celle-ci, le musicien est asservi dès le départ à une sorte de version idéale devant laquelle il s'incline et à laquelle il tend. Il répétera vingt fois chez lui une phrase pour lui donner la dynamique, la précision et l'émotion voulues. En jazz, il n'y a pas de version idéale, on n'a même pas la moindre idée de la façon dont cette version-ci va tourner. À part quelques conventions de base, rien dans un solo n'est prévu. On laisse tourner, et on voit ce qui arrive. Les seules références auxquelles on puisse s'accrocher sont soi-même, le reste de l'orchestre, et éventuellement le public. Le danger consiste donc à s'enfermer dans l'une de ces références. Le jazzman qui ne jouera que pour lui s'isolera du groupe et deviendra hermétique. Celui qui ne jouera que pour les autres deviendra fade et impersonnel. Quant à celui qui ne joue que pour le public, il s'exclura lentement mais sûrement de son art, puisqu'il aura ainsi vendu son âme en route.

Or, quand on joue de la musique d'église, ce genre de problème ne se pose pas. En effet, l'orchestre est là pour illustrer par la musique tel ou tel énoncé du prêche. Mais le plus beau, c'est qu'elle *devient* le prêche, c'est elle qui incarne la foi, l'esprit. Plus de problème de groupe, de soi, de public. Tout est fondu en une seule émotion. Bien sûr, ce type de musique n'encourage pas des improvisations d'une grande audace. Mais elle exige de chaque musicien une approche instinctive, improvisée, du cantique choisi. À chacun de trouver, sur-le-champ, l'expression qui conviendra le mieux à cette expérience commune.

On comprend donc pourquoi cette musique joue un rôle tellement important dans la formation musicale d'un jazzman. Elle éveille en effet le sens de la communauté qui seul permet d'éviter les chausse-trapes mentionnées plus haut. Elle permet de clarifier dès le départ la question primordiale de savoir pour qui on joue. Elle assainit l'ego, ouvre au monde, éveille la mystique. Elle impose par sa nature même cet équilibre si difficile à trouver en jazz entre l'hermétisme, les conventions et l'exhibitionnisme.

Et j'entends beaucoup d'église dans la musique de Thelonious. Pas au sens superficiel, stylistique, d'un accord un peu « churchy », ou d'un rythme scandé *à la manière de*, comme Horace Silver ou Bobby Timmons sauront si bien le faire. Non, dans un sens beaucoup plus profond, plus radical : cette façon de souder un orchestre par une seule de ses notes, ou de le faire parler par un de ses silences. Ou encore ses mélodies, simples et chantantes répétées vingt fois, tel un hymne malicieux. À ne pas confondre avec l'expression traditionnelle de Milt Jackson : « Tout le monde veut savoir d'où je tiens mon style. Eh bien, il vient de l'église. » De l'église, Thelonious ne tient pas son *style*, mais bien *l'âme* de sa musique. Il a arpenté les États-Unis avec son évangéliste pour voir, toujours renouvelé, le spectacle du langage de la foi porté, habillé, habité par la musique. De la musique qui parle. De la musique qui fait danser. De la musique qui tire l'oreille vers des régions où l'âme est plus haute, plus sauvage, plus sereine. La musique de Thelonious. Une foi inébranlable en lui-même, en son travail et en une force qui le guide, qu'il exsude chaque fois qu'il s'assoit au piano. Un pouvoir d'attraction étrange et caractéristique, une façon de commander l'attention par une note seulement. Tout cela évoque à mes yeux une croyance mystique en son art qu'il aura dû trouver très jeune, puisqu'elle émerge achevée, d'après tous les témoignages, dès son adolescence.

D'autant plus que de la religion, j'en vois beaucoup autour de lui : tout d'abord sa mère, Barbara, qui devient dans les années 40 témoin de Jéhovah. Ensuite son frère cadet, Thomas, qui après avoir flirté avec une carrière de boxeur, puis endossé l'uniforme bleu de la police de New York, le quitte par peur d'avoir à tuer un de ses prochains, comme cela ne manque pas d'arriver tôt ou tard dans une vie de flic : il deviendra à son tour, converti par sa mère, témoin de Jéhovah. D'un côté, donc, la foi inébranlable dans les textes sacrés, de l'autre une maladie obscure de son père, soigneusement dissimulée par la famille (la folie ?), qui l'oblige très tôt à disparaître purement et simplement de l'horizon familial. Encore aujourd'hui, cette disparition du père dans les familles noires modestes est monnaie courante. Mais le schéma est souvent, hélas, plus simple : papa est en prison, ou bien il est allé acheter des allumettes et n'est jamais revenu. Dans le cas de la famille Monk, où la rigueur morale et la foi en sa propre dignité semblent aller de soi, l'absence du père est en forme de point d'interrogation. Et les enfants devinent, à travers les silences embarrassés des oncles et tantes, qu'il y a dans cette absence un mystère qui pèse sur leur destin.

2

Minton's

Monk achève son adolescence et entre dans l'âge adulte comme pianiste à tout faire. Il semble qu'il ait accompagné la chanteuse Helen Humes pendant un ou deux ans (1936-1937) à Albany, capitale de l'État de New York, où la prohibition, ainsi qu'un maire corrompu, encourageaient paradoxalement la population à s'amuser furieusement, et donc à écouter du jazz. À cette époque, Thelonious a dû en voir des vertes et des pas mûres. Il a dû apprendre ce que cela signifiait d'être un adolescent noir dans un contexte urbain, raciste et violent. Il a sans doute vu la police marcher la main dans la main avec les gangsters qu'elle était censée traquer, des copains à lui se faire démolir pour avoir ouvert leur gueule au mauvais moment, ou encore des milliers de dollars changer de main sous ses yeux, tandis qu'il était payé quelques *quarters* pour une soirée. Tout cela fait partie d'un apprentissage essentiel si l'on tient à dépasser la vingtaine sans trop d'ennuis.

On le retrouve, sans doute aux alentours de 1939, pianiste dans un restaurant chinois, à côté du Savoy Ballroom à Harlem. D'après Mary Lou Williams qui l'aurait entendu à Kansas City lors de son passage aux côtés de son évangéliste, le jeune Thelonious — il n'avait que dix-huit ans — possédait déjà un style très personnel. Même pas la vingtaine, et déjà décidé à suivre sa propre voie pour trouver un son à lui. Cela dit, l'originalité de son jeu, à laquelle il a décidé de ne rien sacrifier, ne l'empêche pas de « faire le métier » avec un anonymat et une constance étonnants. Sur cette époque, Monk, peu loquace de nature, confiera simplement bien des années plus tard qu'il y a beaucoup de choses dans la vie dont on n'arrive plus à se souvenir... sauf des galères. Quand il atterrit au Minton's à la fin des années 30, on peut donc croire qu'il est déjà sérieusement endurci.

Le Minton's Playhouse est un club de jazz à Harlem, 210 West 118ᵉ Rue, entre Septième et Huitième Avenue. Quelques blocs plus loin : le mythique Apollo Theater, où la carrière de tant d'artistes noirs a débuté. Thelonious y a d'ailleurs tant de fois remporté la fameuse « amateur night » (nuit des amateurs) du mercredi qu'il y est désormais interdit de concours. Avec son bon sens habituel, Monk confiera bien des années plus tard que c'est cette rebuffade qui lui fit comprendre qu'il était temps pour lui de devenir professionnel. Au Minton's, on trouvait la formule habituelle des boîtes de jazz avec chaque soir un concert en plusieurs sets, entrecoupés de quelques numéros d'animations. Mais Henry Minton eut deux excellentes idées, qui firent de son club un des rendez-vous préférés des jazzmen de Harlem. La première consistait à offrir chaque semaine dans son restaurant un dîner gratuit — et il paraît qu'on y mangeait fort bien — à tous les musiciens se produisant à l'Apollo. Tous les lundis, leur jour de repos. La crème de la crème : les orchestres de Duke Ellington, de Count Basie, de Cab Calloway parmi tant d'autres s'y produisaient régulièrement. Petit à petit, nombre d'entre eux prirent l'habitude de débarquer les autres jours après leur show en joyeuse bande, irradiant de leur prestige le petit club.

La deuxième bonne idée fut d'ouvrir officiellement une jam session après le concert donné par le quartet maison. C'était un calcul commercial ingénieux : les musiciens qui venaient taper le bœuf commençaient par manger à l'œil, mais finissaient par jouer à l'œil aussi. L'idée en soi n'était pas neuve, mais la proximité de l'Apollo conférait naturellement à ces concerts improvisés une qualité de premier ordre. Teddy Hill, saxophoniste et chef d'orchestre de renom, servait de maître de cérémonie au club, et attribua à Kenny Clarke la direction de l'orchestre régulier. Celui-ci fit donc appel à Joe Guy à la trompette, Nick Fenton à la basse et Monk au piano.

Dans l'épanouissement d'un musicien de jazz, le fait de se produire en club est une étape primordiale. Quand on joue une musique qui laisse tant de part à l'improvisation, il est essentiel de pouvoir affûter ses réflexes, son oreille et son esprit en temps réel. En d'autres termes, il y a beaucoup de choses que l'on n'apprend que sur scène. On a beau répéter chez soi une phrase, une chanson, un accord, arrivé le moment de se produire, une somme considérable d'événements aléatoires vient altérer le travail soigneusement préparé. La tonalité ou le tempo choisis par l'orchestre peuvent être différents de ceux escomptés, et ça, c'est déjà une sérieuse contrariété. Le piano du club peut être affreusement faux sur une octave, il faut donc aller chercher ailleurs sur le clavier une expression satisfaisante de ce que l'on voulait jouer. Un mauvais dîner absorbé à la hâte affecte l'humeur du trompettiste, qui saute une ligne dans l'énoncé du thème. Le batteur, détourné un instant de son jeu par un sourire de fille, perd un temps et se met à l'envers, et c'est la panique, regards noirs, mauvaise ambiance. Ou encore le bassiste est résolument inaudible, ce qui compromet la justesse et la qualité de l'accompagnement. La liste est infinie.

Aussi, quand on est un jeune musicien, avec des idées précises et nouvelles sur le jazz, il est impératif de trouver un club où il sera possible de jouer régulièrement, avec le même orchestre, et qui servira en quelque sorte de laboratoire aux concepts que l'on entend défricher. C'est en forgeant, etc. Voilà pourquoi les clubs de jazz ont joué un rôle tellement important dans le développement de cette musique, et pourquoi il me semble préférable, quand on a encore le choix aujourd'hui, d'aller écouter des musiciens se produire dans ce cadre, plutôt qu'en concert où leur prestation perdra un peu de cette spontanéité si essentielle.

Et puis, quelles sont les occasions de jouer pour un jazzman en 1940 ? Il y a les halls d'hôtels et les pistes de danse, avec généralement des grands orchestres. Pas mal, mais musique très écrite, très arrangée. Les émissions de radio : en général retransmises en direct d'un de ces endroits, ou alors d'un studio. Contraignant aussi, car il faut donner aux auditeurs des versions plutôt courtes, et les solos sont parfois abrégés. Bon exercice, mais ce n'est pas encore ça. Et puis le club. L'idéal pour se laisser aller, pour tenter des nouveaux trucs, c'est pas grave si on rate, alors allons-y. Et dans ces cas-là, quand on n'a peur de rien, eh bien il arrive souvent qu'on joue mieux et qu'on débouche sur des idées auxquelles on n'aurait jamais pensé avant.

Monk est donc au Minton's. Le club agit alors comme un aimant sur tous ceux qui « jouent » à New York. On aurait tort d'imaginer qu'à cette époque l'orchestre du club proposait une musique totalement moderne et absconse, en rupture avec les standards contemporains. Loin de là. Mais ça cherchait, ça fouinait, sans trop savoir où tout cela allait déboucher. Un trompettiste comme Joe Guy, par exemple, n'était pas un révolutionnaire. Hot Lips Page ou Herbie Fields, qui faisaient partie des invités réguliers du Minton's, n'étaient pas non plus des modernistes, et ne se considéraient pas comme tels.

En matière de son, un des seuls innovateurs indiscutables dans ce cercle restreint des musiciens du club était, hormis Clarke et Monk, le guitariste Charlie Christian. Il avait en effet parfaitement maîtrisé et embelli un concept technique très simple et très nouveau : la guitare amplifiée, ou, si l'on préfère, la guitare électrique. Cela lui donnait la possibilité d'extraire son instrument du rôle traditionnel d'accompagnement rythmique qu'on lui connaissait jusque-là et de phraser, dans ses solos, comme une trompette ou un sax. Il avait, dès son arrivée à New York, été invité par le célébrissime

Benny Goodman à rejoindre son orchestre. Mais le problème, c'est que le clarinettiste, même s'il faisait parfois appel à certains membres de l'élite musicale noire du moment, ne se servait pas moins d'eux comme faire-valoir de son propre talent d'instrumentiste et d'improvisateur. La hiérarchie était claire. C'était un des boulots les mieux payés qu'on puisse trouver, mais il ne fallait pas marcher sur les plates-bandes de Benny. Aussi, dès les concerts achevés, Christian fonçait au Minton's pour jouer autant de solos qu'il voulait sans se soucier de faire de l'ombre à qui que ce soit.

C'est à cela que ça servait, les sessions à Harlem : une fois le boulot fini, on venait enfin se faire plaisir sans risquer de perdre l'affaire. N'oublions pas que nous nous trouvons devant des musiciens tout jeunes, qui essaient simplement de gagner leur vie dans des orchestres qui tournent, et dont les leaders sont plus préoccupés par des idées de rentabilité que de nouveauté. La position de Monk est en cela particulière que, pour lui, son engagement au Minton's est un gagne-pain, et non une façon de relâcher la pression que l'on subit dans un orchestre plus contraignant. Il est donc, avec le quartet de Kenny Clarke, au cœur de ce laboratoire de recherches musicales. Et contrairement à tous ceux qui se succèdent en invités sur la petite estrade, il apporte à son travail tout le sérieux et la concentration nécessaire au bon déroulement de la soirée.

Il subsiste quelques enregistrements de ces soirées au Minton's. En effet, un jeune étudiant à Columbia University, Jerry Newman, avait le privilège (et les moyens) de posséder un appareil à graver et à passer des disques, dont il se servait dans le club pour faire un numéro de mime sur des enregistrements de célébrités comme Roosevelt ou Churchill. Effet comique garanti, les clients passaient une bonne soirée. Mais conscient de la qualité de la musique qui s'y jouait, l'astucieux Jerry en profita également pour enregistrer un certain nombre de soirées au Minton's (ainsi que dans d'autres clubs), qui refont maintenant régulièrement surface sur des labels pirates à travers le monde (prétendant abusivement d'ailleurs que c'est Monk que l'on entend derrière Charlie Christian ; ils n'ont pas été enregistrés ensemble, hélas). Bien que, de l'avis de tous ceux qui vécurent cette époque, ces disques ne rendent pas justice au modernisme troublant de Thelonious, on peut quand même se faire une idée de ce qui se passait là-bas. Descente dans le puits.

Ce qui me frappe tout d'abord, c'est la pulsation qui imprègne ces enregistrements. Il faut savoir qu'au début des années 40 les rythmes qui tuent à New York viennent de Kansas City.

Les solistes qui tuent viennent de Kansas City. Ben Webster. Lester Young. Joe Jones. Bientôt Charlie Parker. Mais surtout Count Basie. La section rythmique de Basie est ce qu'il y a de mieux en matière de swing. Ça tourne, ça roule, ça danse, c'est précis comme un mécanisme d'horlogerie, et ça donne envie de sauter comme l'aiguille des secondes. On en raffole, c'est à la mode, tout le monde en veut. C'est un concept rythmique qui sert d'assise à des solistes très différents, des anciens, des modernes, tout passe avec ça. C'est le tapis rouge qui se déroule, qui se déroule, pendant des heures, on n'a plus envie de s'arrêter. Monk épouse donc comme les autres cette conception, et joue du piano comme il se doit, « à l'ancienne » (comme il le fera souvent par la suite en solo), c'est-à-dire en jouant la « pompe » de la main gauche, dans la plus pure tradition *stride* (une note de basse alternée un temps sur deux avec un accord), et swingue comme il faut. Mais l'avantage de cette technique, et pour peu qu'on ait l'esprit un peu indépendant, c'est que la main droite est libre de faire ce qu'elle veut. Monk s'engouffre donc dans cette brèche et plaque sur son jeu de main gauche des couleurs, des rythmes ou des figures d'une main droite libre comme l'air.

À gauche le classique, à droite le moderne. On retire la main gauche, et on entend Monk vingt ans plus tard. La main droite, et c'est le jazz vingt ans plus tôt. La dernière fois que j'ai vu ça, c'était le pianiste Don Pullen qui avait recours à un procédé similaire. Sur une composition de facture plutôt classique, avec une figure rythmique répétitive, il martelait de petits coups de poignet réguliers la pulsation du morceau de sa main gauche, et improvisait complètement *free* de la droite. Inoubliable : le confort et la surprise, sucré-salé, le soleil avec la lune. Attention : ce n'est pas la performance stylistique ou même technique qui est si immédiatement captivante. Ce n'est pas un effet de manche. Au contraire, c'est magique, ça libère des forces d'un dynamisme insoupçonné. C'est infernal à contrôler. On ne peut pas jouer à l'apprenti sorcier avec une magie comme celle-là, parce qu'on se retrouve vite fait avec des ennuis. C'est comme du vaudou. Il faut savoir où on met les pieds.

Accessoirement, c'est, j'imagine, une des raisons pour lesquelles Monk séduira plus tard tant de musiciens affiliés à la grande famille, un peu floue, du free jazz. Il avait trouvé très tôt le moyen de faire couler une lave toute neuve, bien rouge, bien tellurique. Une énergie nouvelle. Une machine à faire du son frais. Et c'est là, au Minton's, que ça se mijote.

Un homme se dressera pour incarner la voix de cette époque : John Birks « Dizzy » Gillespie.

C'est lui qui théorise, qui revendique, et qui du coup rassemble des troupes éparpillées. C'est lui l'ambassadeur des « nouvelles idées », c'est lui qui PARLE. C'est lui qui souvent sert de relais avec la presse, il n'a pas peur des appareils photos. Et pour un journaliste, c'est formidable, un type qui parle. Surtout quand il dit des choses nouvelles, intéressantes, dérangeantes. On peut faire de bons papiers, envoyer des gens écouter cette nouvelle musique. Et il y avait derrière cette armée de nouveaux musiciens un discours qui, s'il ne devait rien à Lénine, était tout de même résolument politique. Avec le jazz des années 40, vite étiqueté sous le nom de bebop, émerge en effet une nouvelle donne dans le contrat social de l'époque à New York : les Noirs commencent à parler, à tenir des discours. L'Amérique est en guerre, et pour pouvoir envoyer ces hommes au front, il faut qu'elle relâche un peu la pression. Sous l'égide de Dizzy leur porte-parole, dont la verve oratoire égale la dextérité instrumentale, se dessine donc une foule d'êtres noirs, pensants, et fort mécontents. Monk et Parker seront, de tous les grands jazzmen de l'époque, parmi les seuls à ne pas se rallier — officiellement du moins — au discours contestataire de leurs contemporains. Une profonde certitude les rapproche : leur art parle plus fort que les mots. Mais qu'il s'agisse de Max Roach, le plus intellectuel d'entre tous, ou d'Art Blakey, Oscar Pettiford ou encore Kenny Clarke, tous ont peu ou prou exprimé leur critique d'un racisme officiel insupportable.

On sait que la grande majorité des thèmes de bebop repose sur une paraphrase de morceaux déjà existants : en s'appuyant sur la trame harmonique de chansons en vogue à l'époque, les boppers ne composaient pas tant qu'ils *pirataient*. En réponse à une industrie florissante du music-hall dont le succès devait tout à la musique noire, et dont les bénéfices substantiels finissaient dans les poches des Blancs, Dizzy et sa bande ne faisaient donc dans leur esprit que reprendre ce qui leur était dû. Il est d'ailleurs bien connu que pas une seule des compositions de Charlie Parker (ce qui n'est pas le cas de Monk, on y reviendra), sauf peut-être *Confirmation*, ne recèle un enchaînement d'accords originaux. Sous la houlette de Bird et Diz se mettait plutôt en place un système de substitution d'accords qui, tout en enrichissant les données initiales, prêtait un support à toute sorte de déviations mélodiques dont la fluide étrangeté dispersait en éclat les conventions de l'improvisation.

Les titres eux-mêmes de ces nouveaux morceaux célèbrent l'irruption de la paraphrase, ou plutôt du « second degré » dans cette musique que l'Amérique (et l'Europe de l'époque, bien sûr) ne tolérait que sous sa forme dansante, hédonique, primaire. À des titres comme *Honeysuckle rose* ou *On the sunny side of the street* se substituent *Evidence* ou *Now's the time*... Je ne me lasserai jamais de la cynique ironie avec laquelle Bird a intitulé *Relaxin'at Camarillo* le blues qu'il aurait écrit lors de son internement dans l'hôpital psychiatrique californien du même nom... Le nouveau jazz, ce bebop, devient donc une affaire d'intellectuels. La dénomination française de *grille*, pour les enchaînements d'accords qui supportent les solos, illustre à merveille cette façon de concevoir le jazz, comme s'il s'agissait d'un outil d'analyse à travers lequel les improvisateurs contemplent désormais les mélodies qu'ils jouent. La pensée investit en force cette musique dont l'attrait avait été jusque-là l'immédiateté, le langage du corps. Certains tempos sont d'ailleurs trop rapides pour être dansés, seule l'intelligence peut s'en repaître. Dans son autobiographie, Dizzy Gillespie insiste avec force et fierté sur l'autorité intellectuelle et musicale que lui confère à lui, trompettiste, la connaissance du plus intellectuel des instruments, le piano. Toute sa vie durant, il a enseigné à qui voulait l'entendre les mystères de cet orchestre à touches noires et blanches. Aux générations de mélodistes, succède le club, fier et restreint, des harmonistes.

Car rien n'est ménagé pour préserver l'exclusivité de ce club. Pour se prémunir des interventions intempestives de leurs aînés toujours désireux de leur donner une leçon au cours de ces batailles d'improvisations que sont les jam sessions, les boppers se barricadent derrière des tempos diaboliquement rapides, clouant là les indésirables, les renvoyant sans merci à la pratique de leur instrument. Ajoutons à cela une panoplie consternante de neuvièmes, de quintes et de treizièmes diminuées, d'accords de passage ou de substitution, et on aura une idée de l'écrasement auquel étaient voués les musiciens non initiés.

Et c'est bien là que Monk s'impose comme « grand prêtre du bebop », comme il sera si élégamment baptisé lorsque cette musique aura, vers 46, trouvé un nom, un répertoire, des chefs de file et des articles dans la presse. Il est, de tous ses contemporains, celui dont la pensée apparaît sous sa forme la plus brutale, la plus incontournable. Dizzy parle, Monk pense. Et ça s'entend. Avec Thelonious, on est forcé de réfléchir. Ce n'est pas un hasard s'il est, avec la complicité de Kenny Clarke, l'auteur de l'antienne des premiers boppers : quand ils voulaient éjecter un fâcheux hors de scène, ces musiciens attaquaient l'invariable et étonnant *Epistrophy*. Le tempo n'est pas impraticable, et nombre des morceaux de l'époque se jouaient bien plus vite. Mais il recèle, tant dans sa mélodie aux étranges intervalles que dans sa structure harmonique qui se déplace par demi-tons conjoints, une montagne d'embûches dont se jouent les nouveaux improvisateurs. Et il s'agit bien d'une dissuasion par l'harmonie plus que par le tempo, par la tête plus que les jambes.

Mais cette irruption de la pensée dans la musique, affichée comme telle, ne peut être interprétée par l'Amérique de l'époque que comme une insolence. Non qu'avant le bop l'esprit était banni du jazz : le grand génie de Duke Ellington s'était pacifiquement imposé depuis des lustres. Quant à Art Tatum, pour ne citer que lui, il faisait frissonner, outre Horowitz, les musicologues les plus pointus. Mais il s'agissait là d'individus, et non d'écoles. Ils étaient donc tolérables, assimilables, et même respectables en tant que tels. Les boppers en revanche venaient en rangs serrés, soudés par un discours compact et incendiaire. Mais Monk, par ses étranges silences, ses sourires équivoques et son attitude qui rappelle, selon le mot de Dashiell Hammett, l'autre côté d'un demi-fou, semble incarner plus que tout autre l'ironie et la contestation. Dizzy a toujours exprimé avec brio ses positions sur les sujets concernant la vie des Noirs de l'époque, et a su associer un sens développé de ses propres affaires avec une critique ouverte d'une société raciste et cruelle. Il a su trouver l'angle étroit qui lui a permis d'être un musicien de génie *et* un « entertainer » sans pour autant être un bouffon. Son exubérance enchante, mais ne le ridiculise pas. Pourtant, Monk aussi porte l'exubérance sur sa tête, avec ses chapeaux, ses lunettes, ou dans ses commentaires savoureux. Mais il n'est pas un séducteur. Il ne s'amuse qu'à se séduire lui-même.

C'est donc la voix de Diz que l'on entend en premier. Tout en lui évoque la parole, le chant magique. Son visage se gonfle de façon étonnante quand il porte la trompette à ses lèvres : c'est même sa physionomie qui change lorsqu'il s'exprime. Et quand quelques années plus tard, il coudera sa trompette vers le haut, il projettera ainsi plus fort, plus loin, plus visible son désir de parler. Chez Cab Calloway où il jouait, il chantait : « I'm Diz the Wiz, a swinging hip cat, swinging hip cat, Diz the Wiz. » Rappeur avant l'heure. Ancêtre de l'acid jazz. Dizzy la tchatche.

Il faut dire aussi que c'est lui, le trait d'union entre Parker et Monk. Car on parle du Minton's, mais pas loin de là, il se passait pratiquement la même chose au Monroe's. Les frères Clark et Jimmy Monroe avaient en effet ouvert un club similaire au Minton's, mais qui avait la particularité d'ouvrir à quatre heures *une* du matin. La loi obligeant les clubs à fermer à quatre heures, ils avaient ainsi fort astucieusement créé un « after hours » où se pressaient les jazzmen de tous bords quand ils avaient fini de jouer en club, ou de jammer au Minton's. Rendez-vous au Monroe's Uptown House, il y a Bird qui joue avec Dizzy, on peut faire le bœuf. Il faut dire qu'en ce temps-là on ne dormait pas beaucoup. De l'aveu de tous, la musique commençait à la tombée de la nuit, et se prolongeait jusque vers midi le lendemain et ainsi de suite (soit dit entre parenthèses, on ne s'étonnera donc pas que, d'une part, la musique ait fait un bond en avant aussi considérable en quelques années seulement et, d'autre part, qu'autant de musiciens soient morts aussi jeunes, parce que quand même, si on rajoute la dope en plus de tout ça, ce n'est pas vraiment une vie).

Et Gillespie, lui, faisait la navette entre les deux clubs, un bœuf avec l'un, un set avec l'autre. L'ambassadeur, l'intermédiaire. Et au sortir de la guerre, quand tout cela commencera à se décanter, on se rendra compte que ces boppers étaient partis, et bien partis, pour créer quelque chose de vraiment neuf. Mais là, il se passe quelque chose d'étonnant. Car Monk devrait en toute logique suivre le mouvement, et se retrouver en 47 à jouer ce que tout le monde joue. Seulement voilà : il compose. Et en 47, quand il enregistre son premier disque pour Blue Note, celui-ci a autant de rapport avec le bebop que Louis-Ferdinand Céline avec les surréalistes. Breton et Céline n'ont que deux ans d'écart, mais quelle différence ! D'un côté un homme charismatique qui crée un mouvement, une école, un réseau, et de l'autre un artiste solitaire et totalement indépendant. Comme le dit le critique musical Paul Bacon, la difficulté des premiers enregistrements de Monk consistait à trouver de jeunes musiciens qui *pouvaient* jouer sa musique. Alors que tous les autres sont entraînés dans la passionnante nébuleuse de Bird et de Dizzy, Monk enfonce les talons et trace sa propre voie. Dizzy le prendra bien comme pianiste de son big band, en 46, mais cela ne durera guère longtemps, et il sera vite remplacé par John Lewis.

Et pourtant. Comment imaginer le bop sans Monk ? Il était là quand ça s'est fait, et malgré cela on a l'impression qu'à un moment il a dit salut les gars continuez sans moi, j'ai rendez-vous ailleurs. Sans doute était-ce son attitude dès le départ, mais plus le temps s'écoule, et plus cela devient clair : Monk fait bande à part Pourtant, on peut débarquer chez lui quand on veut, et il se déplace souvent de bœuf en bœuf pendant toute la nuit. Il n'est pas tout seul dans son coin, à ruminer ses compositions, bien au contraire, il est au cœur de l'action. Il est le grand frère spirituel de celui qui sera réellement *le* pianiste du bop, Bud Powell. Tout le monde à Harlem sait qui est Thelonious Monk.

C'est le nouveau pianiste, celui qui sait, et le respect s'impose quand on mentionne son nom, mais tel le personnage des *Histoires comme ça* de Rudyard Kipling, il est le chat qui s'en va tout seul.

Et qui doit quoi à qui, c'est la question que tous les musicologues et historiens du jazz se sont toujours posée sur cette période. Dizzy aurait-il montré les accords mineurs quinte bémol à Bird ? Et a-t-il piqué des plans à Monk ? Blakey a-t-il influencé Max Roach ? Bud Powell a-t-il été plus loin que Parker, qui en aurait été jaloux ? La question de la généalogie semble inévitable quand on aborde cette période de l'histoire du jazz. À croire qu'il s'agit de savoir à qui on va attribuer le prix du concours Lépine pour l'invention du bebop. Peu d'intérêt. On en trouvera toujours un autre. Dizzy, quand il parle de Charlie Christian, dit que ce n'est rien à côté de John Collins, qui était harmoniquement beaucoup plus avancé. Nul n'est sans doute mieux placé que lui pour en juger. Mais John Collins, on pourrait lui demander qui a déclenché en lui cette étincelle qui l'a poussé à jouer comme il l'a fait. Et ainsi de suite. Le jazz comme tous les autres arts a toujours entretenu, au sein même de son évolution, le sain virus de la compétition. Truc est plus fort que Machin. Bidule écrase Chose. Tant mieux, tant mieux. Parce que, au bout du compte, on se retrouve à écouter Truc, Machin, Bidule et Chose. C'est ça qui compte. Ce qui est triste, c'est quand on n'en retient qu'un, et ça, c'est le début du dogmatisme et la fin de l'art.

Quoi qu'il en soit, Monk, lui, écrit dans son coin. Et c'est en tant que compositeur que, dès son admission dans le milieu des musiciens « branchés » de Harlem, il s'impose sans égal. Les autres jazzmen font peser leurs efforts sur les techniques d'improvisation, c'est-à-dire comment jouer vite et bien des harmonies complexes qui se superposent à celles qu'on a l'habitude d'entendre. Monk, pas tellement. En fait, il développe son improvisation en fonction des morceaux et des tempos choisis. Il ne jouera pas du tout le même type de phrase selon que le morceau exécuté sera une ballade ou un « rapide ». Les boppers, en revanche, prendront l'habitude de travailler chez eux une phrase lentement, puis de plus en plus vite, jusqu'au moment où ils arriveront à atteindre la vitesse voulue. Il en résulte, dans les « up tempos », un effet étonnant, puisqu'on entend de la musique qui va trop vite pour les oreilles. L'habileté du bopper consistera donc à enchaîner à une cadence constante des phrases qui sont toutes des petites merveilles d'intelligence musicale, dont on n'apprécie toute la saveur que quelques secondes après les avoir entendues, dans une sorte d'extase en cascade. Le collier de perles rares, enfilées une à une à toute vitesse. Ce qui amènera Thelonious à dire, lors d'une interview mémorable pour le magazine *Down Beat*, à l'écoute d'un disque d'Art Pepper :

— Ce sont des solos lents joués en accéléré.

Vérité profonde, insondable même, puisqu'elle remet sur le tapis la question de l'improvisation en général, et de son adéquation au tempo et aux harmonies spécifiques au morceau.

Ça commence à se savoir : Thelonious pose beaucoup de questions. Oh, pas verbalement, non, le gaillard n'est pas bavard, mais par sa musique, résolument personnelle, à côté de toutes les écoles. Tout ce qu'il veut, lui, c'est écrire de belles chansons. Il est donc aussi difficile de l'associer aux boppers de la première heure que de l'en dissocier, car c'est à eux tout d'abord qu'il pose toutes ces questions. Pour de jeunes musiciens qui rêvent d'en découdre avec de nouveaux morceaux et de nouvelles harmonies, il est le premier et quasiment le seul à proposer quelque chose de neuf et d'unique. Difficile à imaginer maintenant, mais un thème comme *Round midnight* est d'une difficulté inouïe pour un improvisateur de l'époque. Pas d'un point de vue technique, mais à cause de l'effort que l'on doit déployer pour, simplement, *le faire sonner*. Miles Davis confessa qu'il lui fallut plusieurs années avant de pouvoir le jouer à sa guise. Monk inonde ses contemporains de morceaux atypiques, qui forcent l'improvisateur à s'asseoir, et dire : bon, réfléchissons. Comment ça marche, ce truc-là ? Alors que les autres morceaux du bop naissant favorisent les réflexes, les symétries, les enchaînements tout faits, la plupart des morceaux de Thelonious se mettent résolument en travers de l'improvisation routinière et systématique. Et ce n'est pas la difficulté pour la difficulté, loin de là. Sitôt entendus on a envie de les jouer... et c'est là que les ennuis commencent...

Très rapidement, ces fameux boppers envahissent la 52e Rue. Parce qu'il y a les clubs « uptown », à Harlem, devenu avec les années 30 un haut lieu de la culture noire, et les clubs « downtown », 52e Rue. Dichotomie classique dans le monde du jazz entre les clubs « blancs » et les clubs « noirs ». Pour aller vite, on dira qu'en bas c'était un peu la vitrine du jazz proposé aux visiteurs de passage, condensé de façon improbable en une seule rue, où marins, fêtards, amateurs, curieux ou journalistes pouvaient s'en mettre plein les oreilles. Le Disneyworld du jazz. Aboyeur dans la rue, affiches clignotantes, le beau linge qui s'encanaille. Mais là-haut, c'est pour de vrai. *The real stuff.* Là-haut, l'auditeur moyen sait de quoi il retourne, il connaît les musiciens, les orchestres, les influences, l'histoire du jazz. Harlem a adopté les boppers bien avant qu'ils ne descendent sur la 52e Rue, et c'est pour cela que l'on parle toujours du Minton's, du Monroe's, de l'Apollo, du Savoy Ballroom. C'est là-haut qu'on fait réellement ses classes quand on est noir. On descend sur la 52ᵉ pour faire du fric, pour se faire voir des journalistes, pour se faire entendre du gratin, des agents, des maisons de disques. Non pas que Harlem ait été totalement fermé aux musiciens blancs, mais il n'y en avait que très peu qui étaient ouverts à cette nouvelle musique qu'était le bop. Et la tendance générale à Harlem étant au rejet de cette culture blanche qui avait si longtemps accaparé le commerce du jazz, ceux qui voulaient passer la barre avaient intérêt à s'accrocher.

Ajoutons pour finir que la ségrégation, effective même à New York dans les années 40, était de l'aveu de Max Roach une fort bonne chose : elle entretenait ainsi dans Harlem une sorte d'esprit de caste, de serre, de vase clos, dans lequel s'épanouissait en toute liberté cette culture qui ne se voulait que noire. À Harlem, on joue et, sur la 52ᵉ, on gagne sa vie en jouant. Or, gagner sa vie n'a jamais été la préoccupation majeure de Thelonious, qui ne part pas à l'assaut comme les autres de cette fameuse Swing Street. On l'y voit, bien sûr, aux côtés de Coleman Hawkins au Spotlite (avec qui il fera sa première session d'enregistrement un an plus tard), de Kenny Clarke au Kelly's Stable, ou même à l'Onyx Club en août 43 avec l'orchestre de Dizzy Gillespie. Mais pas dans un orchestre qui porte son nom. Trop jeune, trop introverti, musique trop difficile. Il ne joue pas le jeu. Il a déjà sa voix à lui. Il est en train de mettre au point un style où il développe non seulement une idée très moderne de l'harmonie, mais aussi une nouvelle vision du rythme... Pas moins...

3

Section rythmique

Quand on descend une rue en pente, une nuit d'été avec un petit coup dans le nez, on a le plus souvent envie de chanter. C'est presque mécanique : allégée momentanément de la gravitation universelle, la marche devient facile, les soucis lointains, alors on chante. Ce qui nous vient à l'esprit : de l'opéra si la rue est sonore, du jazz si elle est sombre, les Beatles quand on est vraiment saoul. Pour y avoir trop souvent perdu le sommeil, tous les gens qui ont habité une rue en pente le savent.

Cette sensation d'apesanteur naturelle et féconde, où la vie est simple et tous les tons sont justes, est ce qui, je pense, se rapproche le plus du bien-être que procure une bonne section rythmique. Une mauvaise : rue en pente que l'on monte, cette fois-ci, en serrant un gros paquet sous le bras, et prenant garde de ne pas glisser sur le pavé inégal, détrempé par un crachin retors. Une rythmique potable : route plate bordée de platanes, plantés symétriquement, on marche tout droit d'un bon pas vers le but de la promenade.

Lorsque Monk attaque sa carrière de pianiste, l'histoire du jazz est en train d'inventer une nouvelle couleur instrumentale : l'association entre la basse, la batterie et le piano. C'est ce qu'on voit dans quasiment tous les orchestres bebop, et depuis, c'est devenu une formation tellement usuelle qu'on a du mal à imaginer qu'il ait pu exister quelque chose d'autre auparavant. Pourtant, au début des années 40, c'est tout nouveau. Et Basie, alors ? Oui, mais Basie, il avait en plus une guitare, et pas n'importe laquelle : Freddie Green, le métronome humain. C'est d'ailleurs ce qui se fait partout à la fin des années 30 : piano, guitare, basse, batterie. Parfois même sans batterie, comme Nat King Cole ou Clarence Profit, mais se séparer de la guitare est impensable. Son apport rythmique et harmonique, qui se mélange à merveille avec les syncopes du piano comme avec les lignes de basse, est trop précieux pour être abandonné. Et pourtant. La contrebasse, qu'on ne voyait quasiment pas vingt ans auparavant, a connu une évolution record, et a maintenant trouvé ses lettres de noblesse avec des musiciens comme Jimmy Blanton ou Milt Hinton : non contente de soulager la main gauche du pianiste, qui n'est plus forcé de jouer les fondamentales des accords, elle passe ainsi au statut de soliste, rejoignant la grande famille des improvisateurs. La batterie, libérée par Kenny Clarke de son obligation de marquer les quatre temps à la grosse caisse, peut maintenant s'envoler vers des figures rythmiques de plus en plus complexes. Quant au piano, il poursuit une évolution harmonique qui l'éloigne progressivement de la guitare. Demandez à un guitariste de jouer, le plus fidèlement possible, une composition de Monk, et vous le verrez faire une grimace. Tout bouge trop vite pour cet instrument à cordes, au statut désormais bâtard puisqu'il empiète sur le développement impérialiste de la basse, du piano et de la batterie. Les jours de la guitare au sein de la section rythmique étaient donc comptés, et quand Monk arrive, il faut aux pianistes inventer un nouveau son, celui du trio.

Ça commence avec la basse et la batterie. On a souvent tendance à croire qu'un bon bassiste et un bon batteur vont faire une bonne paire : chaussure droite, chaussure gauche, et en avant. Mais un mocassin italien et une bottine anglaise ne font pas un heureux mariage, même s'ils donnent l'impression de chausser le pied. Les ampoules ne vont pas tarder à se faire sentir, on ne va pas faire des kilomètres avec ça... Moralité : trouvez la paire... Rien de plus drôle et de plus émouvant que ce mariage forcé entre la basse et la batterie, les deux plus gros instruments (portables, ce qui exclut le piano) de l'orchestre. C'est toute une philosophie, d'être gros. Le bassiste et le batteur, en tournée, ils pensent gros : billets spéciaux, sièges supplémentaires, escaliers, portes étroites, température (la contrebasse peut s'ouvrir comme une vieille chaussure s'il fait trop chaud et moite, ou se fendre comme une bûche s'il fait trop froid), ils me font souvent penser au gros collabo du *Port de l'Angoisse* qui n'arrête pas de s'éponger le front tout en regardant nerveusement autour de lui. Alors, forcément, ça crée des liens, comme on dit. Entre gros. Et puis, foutu pour foutu, ils ne voyagent jamais léger, les bassistes et les batteurs : en plus de leur instrument, ils ont toujours des sacs pleins d'outils, de gadgets, de médicaments, que sais-je, c'est comme le sac des dames, il y a toujours une surprise dedans. Des gros bricolos, en somme. Alors une fois sur scène, quand ils ont tous leurs trucs déballés et fichés en terre avec une autorité que seul le poids peut concéder, il ne faut pas les emmerder, le bassiste et le batteur. Ils sont venus pour bosser, et ça leur a coûté assez d'ennuis comme ça.

Et c'est là que le miracle se produit : les lumières s'éteignent, le silence se fait dans la salle, et il y a une seconde où rien ne se passe encore, on sait que l'instant d'après il sera trop tard, que le temps va se mettre en route, la machine est remontée, mais là il n'y a rien, pas de temps, juste une promesse, une menace de temps. Et puis tout à coup, tout bascule, et la basse et la batterie arpentent avec une joie furieuse la route qui à chaque instant nous rapproche de notre mort. Ces deux gros-là, quand ils sont sur scène, leur responsabilité est immense, écrasante, c'est pour ça qu'ils ont besoin de toutes ces pièces détachées : ils ne font rien moins que le temps. On est très loin de l'expression sadique et minutieuse qui dit que l'on *tient la mesure*. Non, eux, ils *font le temps*. Pas le tic-tac de l'aiguille sur le cadran de la montre, mais une pulsation profonde qui depuis toujours habite la moelle de nos os, et nous fait oublier l'autre Temps... Au cours d'un concert, la Paire devient *maître du temps* ! Et ça, c'est un souci, et pas des moindres... Pourquoi faut-il être au moins deux pour faire le temps ? Sans doute parce que, lorsqu'on est seul, c'est un peu sa parole contre le reste du monde : cela tient du fanatisme. Quand on est deux, c'est le début d'un partage, d'une foi qui s'exprime, la foi en un dieu qui est une pulsation originelle, et que l'on adore dans cette église qu'est la musique. Faire le temps est une expérience proprement mystique et communautaire. Ce que l'on cherche tout seul en aveugle, avec une fragilité désarmante (on éternue, et c'est fini, pffuit, envolé, le rythme), à deux, on le trouve avec une exaltante facilité. L'amour contre la masturbation.

J'ai toujours cru que tous les rythmes préexistaient à l'homme, et qu'ils flottaient, virtuels, en chacun de nous. Celui ou ceux qui font du temps ne font guère que se mettre à l'unisson de cette fréquence primordiale, c'est un peu comme si on mettait les doigts dans une prise, après on ne peut plus s'en arracher. Car la pulsation flotte autour de nous. Nous baignons dans le rythme. Naissons, mourons dedans. Comme il est puissant et sage, celui qui sait le canaliser et le transmettre ! Gloire à celui qui nous révèle à cette évidence que le rythme parle en nous ! All God's children got rhythm !

Quand on regarde un protozoaire au microscope, on dirait qu'il est en train de danser sur un disque de James Brown passé en 78 tours. Et quant aux petits cils vibratiles de la paramécie, je ne pouvais pas m'empêcher en classe de Sciences Nat d'imaginer au bout de chacun d'entre eux une minuscule cymbale ou un tambour, jouant ainsi une musique microscopique. Quel orchestre ! On ne s'entendrait plus parler ! Et l'homme, comment est-il conçu ? En rythme, celui des ressorts du sommier ! En rythme, le fœtus expulsé hors du ventre de sa mère par les contractions régulières, en rythme les premières expériences du sommeil, de l'alimentation, en rythme, en rythme ! Des petits, des grands, des courts qui durent une picoseconde, des longs qui durent dix ans, des qui se croisent ou se répondent, des qui empêchent de tourner en rond, ou d'autres qui vous gonflent comme un ballon. On ne les choisit pas, ces rythmes-là, parce qu'on ne choisit pas le jour de sa propre naissance, parce qu'on ne peut pas avoir un temps d'avance sur le rythme. Alors oui, gloire à ceux qui, bricoleurs de génie, ordonnent ce rythme, le font tourner sur lui-même, l'embobinent, le dérivent, l'apprivoisent, et le mettent dans leur petite boîte à musique, comme jadis les premiers hommes avec le feu !

C'est dire si la basse et la batterie sont importantes ! Toque, robe pourpre, encens, bijoux ! Le respect qu'on leur doit ! La crainte, même ! Un peu de mauvaise volonté de leur part, et la soirée est foutue, rien à faire. Un saxophoniste nul, un piano désaccordé, on s'en accommode, ça coince un peu, mais ça ne suffit pas à gâcher la cérémonie. En revanche, un batteur ou un bassiste qui ne font pas leur boulot, et c'est tout l'édifice qui s'écroule ! On n'y fait pas attention, à ces deux gros, sous prétexte qu'ils jouent tout le temps. On s'habitue, ils font partie des meubles. De temps en temps, tout le reste de l'orchestre s'arrête, et on découvre non sans surprise que le bassiste a peut-être une âme, et que le batteur est capable de finesse. Mais pour peu que ce soit l'un ou l'autre qui s'arrête de jouer, c'est la chute libre ! Sans rémission ! D'ailleurs, il n'y a qu'à voir la mine angoissée d'un orchestre quand le bassiste est en retard pour le concert : sans lui, on annule ! Le trompettiste peut avoir perdu ses dents de devant et le pianiste l'usage de sa main droite, les affaires sont les affaires, on continue sans eux. Mais pas de bassiste ? C'est foutu ! Ils le savent, les salauds, on ne peut pas le leur reprocher, ce serait comme d'en vouloir au soleil de se lever le matin, c'est comme ça et puis c'est tout. Il détient entre ses doigts le pouvoir définitif du *nivellement par le bas* : il n'y a personne en dessous du bassiste, alors c'est lui qui a forcément raison. S'il joue une fausse note, eh bien ça sonne comme si c'était le pianiste qui avait tort. Ce sont les lois de l'oreille humaine : on entend de bas en haut, il faut s'y faire : le bassiste a toujours raison, ça ne se discute pas.

Quant au batteur, même histoire : vissé au bassiste, c'est lui qui assoit, qui amplifie le temps. La basse fait une esquisse de temps, juste une pulsation primordiale, et la batterie le dessine à l'encre de Chine. Précision cristalline de la cymbale. Commentaire sagace et touffu de la caisse claire associée à la grosse caisse. Reliefs, contours, sous-entendus, portes qui s'ouvrent et se referment dans un tremblement de peau ! Et si le batteur a décidé de jouer *Summertime* en tango, il n'y a qu'à s'incliner, on peut toujours le maudire après le concert, mais sur le moment il faut y aller avec lui. C'est Panurge à l'envers : c'est quand on ne le suit pas qu'on coule... La basse et la batterie sont les instruments de l'orchestre qui nous maintiennent en contact avec la beauté antique du rythme : la corde en boyau qu'on tire, et la peau qu'on frappe, il n'y a pas plus charnel, plus animal que ça.

Imaginons une chèvre : on a les tripes pour faire les cordes, la peau pour les tambours, les os font des baguettes acceptables, et on mange le reste avec le sentiment de ne pas avoir perdu sa journée. L'orchestre à quatre pattes ! En revanche, les autres instruments sont une affaire d'ingénieurs. Combien de pièces dans la mécanique d'un piano ? Combien de coudes entre l'embouchure et le pavillon de la trompette ? Et les clés du saxophone, comment ça marche tous ces tampons ? Difficile à dire ! Mais une basse ou une batterie, un enfant de trois ans comprend comment ça marche. On pince, on tire, on tape, et roulez jeunesse ! Poum, poum ! Ça fait longtemps qu'ils traînent dans la musique, ces deux-là, on a tellement l'habitude de les voir depuis la nuit des temps qu'on ne fait plus attention à eux, pensez-vous, la tripe et la peau, c'est la vieille paire, pas de quoi en faire un plat. Avec le bebop, les voilà seuls. Finis, les chauds accords de la guitare qui éclairent le bassiste et soulagent le batteur !

Il faut donc qu'ils s'entendent, les deux gros. S'ils sont l'un contre l'autre, ça ne marche plus. Il faut qu'ils soient l'un *dans* l'autre pour que la musique fonctionne, et ça n'arrive pas forcément tous les jours. Il faut être bigrement zen. L'un fait le rouge, l'autre fait le jaune, et à eux deux, voilà un bel orange bien sacré. Pas le droit au dégradé. Aux demi-teintes, aux traînées jaunasses, aux petites taches malpropres. Un bel orange, bien lisse, bien uni. C'est ça, une bonne section rythmique. Il ne faut pas déraper. Le temps doit s'écouler de façon parfaitement fluide, comme un fleuve dont ils contrôlent le débit au millilitre. Un sur chaque berge, les passeurs de temps.

Et puis le piano. Fraîchement débarqué dans la musique. Une mécanique complexe, un cauchemar de polytechnicien. L'orchestre sous les doigts. Percussif, mélodique, harmonique, le roi des animaux. Une invention diabolique, qui permet de se passer de tous les autres instruments. De les comprendre, de les engloutir, de leur expliquer qui fait quoi, l'intello de la famille, le donneur de leçons. Le meuble, aussi. Des marteaux, des pédales, des étouffoirs, du bois, de la fonte, du cuir, de l'acier, des ressorts, des feutres, des vis, de l'ivoire. Du coffre. Seul instrument que l'utilisateur n'accorde pas lui-même. Le piano fait vivre les déménageurs, les accordeurs et les pianistes. Une famille à lui tout seul. Un instrument noble, quoi : généreux, compliqué, imposant.

Il a mis du temps a rejoindre la basse et la batterie. Il a commencé à l'écart, dérivant du répertoire classique dont il était issu. Quand il s'agissait d'exprimer un rythme et une harmonie stable et dansante, il avait recours au procédé défriché par les pianistes romantiques, qui était devenu le *stride.* Mais à l'époque de Monk, tout cela avait changé. Un nouveau son de jazz commençait à s'imposer. D'abord avec Basie, qui simplifie l'expression du rythme jusqu'à sa quintessence et place le piano en toute liberté au-dessus de ce tapis moelleux : il est maintenant prouvé qu'on peut swinguer plus avec moins de notes, en laissant tout le boulot à la basse, à la batterie et la guitare. Et puis ensuite avec les boppers qui exigent du piano des prouesses propulsant la musique vers de nouveaux sommets.

Un pianiste moderne a donc des rapports très spéciaux avec « son » batteur ou « son » bassiste. Parce que son instrument a des marteaux, cela le tire vers la batterie, et parce qu'il a des cordes, vers la basse. Sa place dans la section rythmique est donc plus détachée, plus ambiguë que celle de ses commères la basse et la batterie. Si l'envie lui prend, il s'arrêtera de jouer pendant quelques mesures, et laissera à la contrebasse le soin de définir l'harmonie et à la batterie le rythme. Il suggérera de nouvelles directions harmoniques, emboîtera le pas d'un soliste, puis le reniera quelques instants après. On, off. Il ouvre ou il ferme. Il est présent dans le rythme, puis il n'y est plus. Rien à voir avec les deux autres qui expriment constamment la pulsation par les bras ou par les jambes : un pianiste n'a pas la possibilité de laisser parler son corps pour exprimer le temps. Il n'y a qu'à regarder son pied, lui seul laisse s'écouler ce fluide. Et en ce qui concerne les mains, avec cinq centimètres carrés de peau, il excite un meuble de cinq cents kilos. Plutôt inégal.

C'est là qu'intervient Monk. Car il réussit ce tour de force auquel peu de pianistes peuvent prétendre : quand il joue, *il est une section rythmique à lui tout seul.* Il invente une méthode de piano grâce à laquelle on entend, sous ses excursions pianistiques imprévisibles, un tempo qui fredonne constamment. Trois en un. Son fils, bien des années plus tard, déclarera qu'il a commencé sa carrière de batteur de jazz dans l'orchestre de son père. C'était, dit il, comme de flotter sur un petit tapis volant. Papa donnait le tempo, et on se laissait porter par son jeu de piano. Ce n'est qu'en quittant le groupe de son père, et en se retrouvant dans des contextes moins exceptionnels, qu'il réalisa alors qu'un orchestre s'attendait à voir le tempo tenu par la batterie, et non par le piano.

Pour cela, Thelonious a donc mis au point une technique de jeu originale. Quand on le voit au clavier, on comprend vite : pas un mouvement de son corps ne semble gaspillé, et apporte à son toucher de piano une étonnante diversité dynamique. Tantôt une note est effleurée de quelques milligrammes, tantôt elle est écrasée sous cent vingt kilos. Mais comment fait-il pour être aussi imprévisible et précis en même temps ? Cela semble impossible au piano !

En fait, physiquement, Monk ne joue pas comme un pianiste. Il joue plutôt *comme un vibraphoniste.* Le pianiste : le corps perpendiculaire à l'instrument, les bras bougent en accordéon vers les côtés du buste, les mains sont arrondies en coupelle sur le clavier pour faciliter la vélocité du phrasé par le passage du pouce sous les autres doigts. Le pianiste regarde rarement son clavier. Le vibraphoniste : penché au-dessus de son instrument, les bras se croisent sans arrêt pour des raisons techniques évidentes (il ne frappe qu'avec deux, ou au mieux quatre mailloches), avec pour effet d'accentuer par tout le poids du corps telle ou telle note choisie pour sa qualité rythmique ou mélodique. Les mailloches sont bien sûr tenues droites, et parallèles aux lames métalliques de l'instrument.

Maintenant, si l'on regarde Monk jouer (pour cela, il faut absolument se procurer en vidéo l'excellent film de Charlotte Zwerin *Straight, No Chaser*), on est frappé par le fait qu'il semble constamment dominer de tout son poids le clavier, à l'inverse d'un Bill Evans ou d'un Glenn Gould qui ont quasiment le front collé aux touches.

Je dois dire que voir Monk jouer a été pour moi une révélation. Car après avoir tenté maintes fois de retranscrire certains de ses thèmes ou de ses traits caractéristiques, je n'arrivais pas à restituer l'âme de sa musique, car je manquais tout simplement de *son*. Je n'arrivais pas non plus à accentuer certaines de ses phrases de la façon originale. La raison en était que j'abordais le problème de façon académique : je tenais en particulier à jouer d'une main ce que lui exécute à deux, en croisant les bras, ou en passant la phrase d'une main à l'autre en cours d'exécution. Enfin, il frappe le clavier avec les doigts tendus, et non arrondis, *comme des baguettes* ; cela prive son jeu d'une certaine vélocité, notamment pour les passages de pouce, mais ouvre en revanche la porte à des possibilités percussives nouvelles et innombrables. Et à une époque où tous les pianistes travaillaient leur instrument de façon à le jouer le plus vite possible, et créaient, sous l'inspiration de Tatum et l'égide de Bud Powell, une nouvelle académie du piano, il réinvente totalement l'approche de l'instrument. De nombreux témoins affirment que Monk, au début de sa carrière, avait une dextérité pianistique tout à fait satisfaisante pour les standards pourtant élevés de l'époque. Griffin dit même l'avoir entendu jouer des phrases entières de Tatum, pour ajouter tout de suite après leur exécution :

— ... mais ça ne m'intéresse pas de jouer comme ça. Pas assez personnel. C'est de l'imitation.

C'est dire combien Monk peut entretenir des rapports ambigus avec ses accompagnateurs, car ils sont forcés d'entendre dans son jeu ce qui empiète avec génie sur le leur. Reste donc pour eux à trouver la place exacte qui leur revient pour compléter de façon personnelle et pertinente sa musique, sans se laisser marcher sur les pieds ni altérer leur propre jeu : équilibre difficile entre l'écoute attentive du pianiste et l'expression immédiate de leur propre personnalité. Monk a toujours aimé taquiner ses amis et collègues avec une économie de moyens rendant le procédé encore plus redoutable.

Le saxophoniste Steve Lacy raconte qu'un jour qu'il était chez Monk, il voit tout d'un coup un lapin blanc traverser le salon (sans doute un animal d'appartement appartenant aux enfants).

— Tiens, un lapin...

— Quel lapin ? dit Thelonious.

— Ben, le lapin, là !

— Qu'est-ce que tu racontes, y a pas de lapin, rétorque Monk avec une mauvaise foi épouvante.

Comprenant vite que son ami le met en boîte, Lacy la ferme en attendant l'issue de la farce. Il n'y en eut pas. Monk continua d'ignorer jusqu'au bout l'existence de ce lapin dans son appartement. C'était, conclut Lacy, le genre de blague qu'il aimait bien faire. Il vous testait pour voir si vous étiez bien sûr de votre coup, et laissait rarement voir qu'il vous jouait un tour. Devant lui, il ne fallait pas douter de soi.

Car c'est cela qui constituera une des marques les plus précoces de la musique de Monk : cette combinaison délicate, exigée de ses accompagnateurs, ses *sidemen*, entre assurance et finesse, et l'on verra passer dans ses orchestres les plus extraordinaires batteurs de son époque : Max Roach, Roy Haynes, Kenny Clarke, Philly Joe Jones. De même pour les bassistes : Oscar Pettiford, Wilbur Ware, Percy Heath... Or il en va en musique comme de l'amour : pour des raisons plus ou moins mystérieuses, il se crée entre deux musiciens une affinité particulière, profonde, durable. On a toujours du mal à se l'expliquer a posteriori. Cela tient autant à la musique qu'aux personnalités, aux aventures communes, à la vie, quoi. C'est comme ça. On peut multiplier les analyses ou entasser les coïncidences, on en revient toujours à la même évidence de la perfection. Ahmad Jamal — Vernell Fournier. Miles Davis — Philly Joe Jones. John Coltrane — Elvin Jones. Clifford Brown — Max Roach : on peut continuer comme ça pendant très longtemps. Les musiciens à plaindre sont ceux qui parcourent leur vie seuls, sans avoir rencontré l'âme frère qui les révélera au monde et à eux-mêmes. Ceux qui portent en eux la perfection aboutie, qui n'ont pas besoin de la petite étincelle, les condamnés de la parthénogénèse. Triste ! Et aussi immensément incompréhensible, moderne, singulier que soit l'apport de Thelonious à la musique, il est particulièrement réjouissant de voir que l'expression rythmique de ce génie fut partagée, avec prodigalité, avec Art Blakey.

Lui, c'est un dur. Né à Pittsburgh, sans doute une des villes les plus déprimantes des États-Unis (mines de houille et usines d'acier), de deux ans moins un jour le cadet de Thelonious, il s'échappe à 20 ans du cauchemar prolétarien de la Carnegie Steel Mill en suivant l'orchestre de Fletcher Henderson. Ce qui pouvait lui arriver de mieux. Et de pire en même temps, car c'est à l'occasion d'une tournée avec eux dans le sud des États-Unis, en 41, qu'il se fait coincer par deux flics d'Atlanta qui, pour tromper l'ennui des longues soirées au poste, lui tapèrent dessus avec tant d'entrain qu'il fut contraint peu après de se faire visser une plaque d'acier sur le crâne. Un truc similaire est arrivé à Bud Powell, et cela a affecté son destin de façon résolument tragique. En revanche, il semblerait que dans le cas de Blakey, l'effet fut si j'ose dire galvanisant. Et quand il arriva fin 42 à New York, confie Max Roach, c'était déjà une star, tout le monde voulait l'avoir dans son groupe. Une bête furieuse de la batterie, qui débarque sur la 52e Rue derrière la merveilleuse pianiste Mary Lou Williams, elle aussi de Pittsburgh. Le jeune Blakey ne pouvait avoir meilleure recommandation. En 42, elle avait acquis, notamment à Kansas City au sein des fameux Clouds of Joy d'Andy Kirk, une réputation personnelle suffisante pour diriger son propre trio. Elle emmènera donc son protégé à New York avec elle et ils atterriront au Kelly's Stable. Un des piliers, avec le Three Deuces, l'Onyx et le Famous Door, de la fulgurante 52e Rue, celle qui selon sa publicité ne dormait jamais. Le jeune batteur fait sensation, et c'est sans doute à cette époque qu'il fera la connaissance de Monk. Et puis, de 44 à 46, le voilà au cœur de la révolution bebop : l'orchestre de Billy Eckstine. Au fil des mois, se succéderont aux trompettes Dizzy Gillespie, Miles Davis, Fats Navarro et Kenny Dorham. Aux saxophones : Charlie Parker, Gene Ammons, Dexter Gordon, Lucky Thompson et Leo Parker. À la basse, Tommy Potter, et au piano et aux arrangements, Tadd Dameron. Plus Sarah Vaughan... Quelle réunion ! La ruche ! Le bouillon ! Tout le monde est là. Bird qui fait des gammes au fond du bus, Miles à la recherche du son qui le rendra célèbre, chacun dévidant avec furie la pelote de son destin. Blakey est complètement dans le coup, et son association avec Monk n'est plus maintenant qu'une question de temps. Il n'a pas fait les fameuses sessions au Minton's à Harlem, avec Charlie Christian et Kenny Clarke. Il n'a pas accompagné Coleman Hawkins, grand passeur de l'histoire du jazz, il n'a pas fait ses classes dans les clubs et les studios comme Max Roach, il n'a pas orchestré cette nouvelle musique comme Tadd Dameron, il débarque tout simplement en ville, et ça suffit : il est Art Blakey, batteur de jazz. Il ne conteste pas la paternité dudit Kenny Clarke, son compatriote de Pittsburgh de cinq ans son aîné, sur l'invention de ce nouveau style de batterie qui met les quatre temps sur la cymbale et laisse à la grosse caisse la liberté de « jeter des bombes » au moment opportun. Il n'a pas la brillante conceptualisation des percussions élaborée par Max Roach, pas plus que la tranquille et précoce sagesse de Shadow Wilson. Art Blakey, batteur de jazz. Brut de décoffrage. Un swing, une énergie et une musicalité exceptionnels. Comme le dit le saxophoniste Ike Quebec : les autres batteurs font « thump », Art fait « POW » ! On se l'arrache. Et c'est ainsi que Monk grave avec lui les plages inouïes de ses premiers enregistrements chez Blue Note en 1947. Première rencontre officielle, documentée.

Par un hasard du destin (et grâce à l'intuition providentielle du producteur Alan Bates), Blakey est encore aux côtés de son ami lorsque celui-ci enregistre son dernier trio en 1971 à Londres pour le label Black Lion : inestimable point d'orgue en forme de *da capo* qui conclut un quart de siècle de collaboration intermittente et passionnée. Quelque chose de magique, de palpable existe entre les deux hommes. Ils partagent le même sens de l'autorité immédiate, de la percussion instinctive. Ils s'emboîtent, comme un puzzle.

Une histoire me semble résumer le rapport affectueux mais féroce qu'Art entretenait avec Thelonious. La baronne Pannonica de Koenigswarter, dont nous ferons bientôt plus ample connaissance, n'avait jamais rencontré Nellie, la femme de Thelonious. Bonne amie de Blakey à l'époque, elle va donc l'écouter dans un club où il joue sous son nom, avec Monk au piano. S'asseyant à la table de Nellie qui était venue écouter son mari, elle se présente, et ajoute chaleureusement qu'elle est ravie de savoir que maintenant il n'y a plus de problèmes d'argent. Plaît-il ? demande Nellie interloquée. Oui, répond la baronne, ce système doit bien vous arranger. Vous dites ? rétorque Nellie de plus en plus étonnée. Les deux femmes s'expliquent, et il apparaît alors que Blakey avait convaincu Pannonica du fait que Monk, qui était un peu fou (il n'y avait qu'à le voir pour s'en assurer), ne ramenait hélas que très rarement l'argent du concert à la maison. Ce qui était un mensonge très subtil, puisque Thelonious était un des rares musiciens de l'époque à *toujours* ramener l'argent à la maison. Le batteur avait donc persuadé la baronne de l'emmener tous les soirs en voiture devant le pâté de maisons de la famille Monk, et de l'y déposer pour qu'il remette en main propre, disait-il, l'argent à la pauvre Nellie. Il faisait bien entendu le tour du pâté de maisons à pied en se gardant bien d'approcher la porte des Monk, et remontait en voiture, ayant ainsi en quelques minutes avec un peu d'astuce doublé sa paie de la soirée. Monk, paraît-il, ne lui en tint pas rigueur, il l'aimait trop, et se contenta dorénavant d'ouvrir l'œil quand il était question d'argent. La seule brouille dont j'eus vent entre les deux amis fut d'ailleurs occasionnée par la même Nica, que Thelonious reprocha vivement à Art de traiter parfois sans le respect qui lui était dû.

Ils furent des amis exemplaires. Au début des années soixante, l'écrivain et journaliste Joe Goldberg décrivait l'appartement de Blakey sur Central Park West comme l'intérieur de quelqu'un qui aurait gagné de l'argent, et l'aurait dépensé avec goût. La seule indication qui permettait de voir qu'il s'agissait d'une maison de musicien : le mur près du téléphone, couvert exclusivement de photographies de Thelonious Monk.

4

Les femmes

Il y a aussi des femmes dans la vie de Thelonious. En fait, il est cerné, cousu de femmes. Un cordon serré qui le préserve des cahots de ce monde. On dira : dans le jazz, ce n'est pas la première fois. Alors, on se trompera. Car si l'on se représente, déformés par une imagerie simpliste, les musiciens de jazz comme des hommes mal rasés qui, tout en offrant un verre à une poule de Cleveland, se demandent comment ils vont trouver l'argent pour la pension de leur troisième femme, dans le cas de Thelonious, ça ne marche pas. Une mère : Barbara. Une sœur : Marion. Une épouse : Nellie. Une protectrice : Pannonica. Une fille, encore Barbara. On a fait le tour. Ce sont elles qui montent la garde devant l'intimité, essentielle, de Thelonious. Un supplice pour le biographe. Au-delà de cette limite, on ne passe pas. Monk n'est pas un coureur de jupons, loin s'en faut, et c'est peut-être pour cela que ses femmes l'entourent d'une affection aussi tendre.

Les femmes. Il y en a autant qu'ailleurs, des femmes, dans le monde du jazz, alors pourquoi n'en entend-on jamais parler ? Il y en a bien quelques-unes dont le talent finit par être reconnu, et puis il y a les chanteuses, mais ce ne sont pas ces femmes-ci dont il est question ici. Il doit bien y en avoir, des Cosima Wagner, des George Sand ou des Anna Magdalena Bach, en jazz. Des compagnes, des muses, des salopes, des trésors. Peut-être est-ce le manque de biographies existant dans le domaine, peut-être que le monde du swing est particulièrement macho (pourquoi plus qu'un autre ?). En fait, on s'imagine les femmes de jazzmen comme des femmes de marin. Un éclair amoureux, et tout de suite après la perpétuation de l'espèce. Des rejetons plus ou moins doués. Et pour les besoins, les endroits spécialisés. Bref, le jazz serait une affaire de mecs, pas très propres. L'épouse ne sort de son trou qu'à la mort du grand génie, pour réclamer son dû, sa pension morale, et accessoirement pour interdire à un orchestre d'utiliser le nom de son mari (on est en Amérique, ça s'est vu). Pas très reluisant, il faut bien le dire. Et souvent inexact ; mais on ne retient que les potins, et les veuves dignes ne font pas beaucoup de presse.

De la dignité, Nellie n'en manque pas. Thelonious et elle ont décidé d'un accord commun et particulièrement sagace de ne jamais parler publiquement l'un de l'autre, mort ou vivant. Gage d'estime, et surtout tranquille lucidité sur les rapports qu'entretiennent les médias avec la vie privée des gens. Aussi, depuis la mort de Thelonious, elle ne parle à aucun journaliste, ne prépare pas de Mémoires sensationnels, n'interdit à personne quoi que ce soit, et se contente de goûter les privilèges d'une vie bien remplie. Bien remplie. Depuis l'âge de douze ans, où elle rencontre Thelonious pour la première fois, sa vie se mit à tourner très vite, et le mouvement ne s'arrêtera jamais plus.

Il paraît que c'est sur un terrain de basket que tout a commencé. La famille de Nellie venait d'emménager dans le quartier, 62e Rue, et son grand frère, qui avait l'âge de Monk, se préoccupa immédiatement de trouver des copains pour jouer dans la rue. Le voici donc un soir qui rentre à la maison et qui dit : Il y a un mec qui joue super au basket, à la 63e Rue — Ah ouais ? — Et qui joue du piano comme une bête — Ah ouais ? — Et en plus, tu sais comment il s'appelle ? Thelonious Monk ! Nellie va voir le phénomène, et tombe immédiatement amoureuse de lui. Coup de foudre à douze ans, qui ne se réalisera que quinze ans plus tard, puisqu'ils se marieront en 47... Belle constance... Et tourné de cette façon, on a l'impression qu'elle ne lui a mis le grappin dessus qu'au bout de longs efforts... En vérité, ce serait plutôt *lui* qui se serait accroché à elle, pour la vie ! À l'époque, Nellie était trop jeune pour que Thelonious puisse s'intéresser à elle et ça n'aurait pas été convenable de toute façon. Et puis, il y avait les copines de Marion, sa grande sœur, qui étaient sans doute plus appétissantes pour le jeune Thelonious. Bref, rien ne se passe avant un bout de temps, et ce bout de temps leur permet précisément de se connaître comme amis (elle est la sœur de son copain) et non comme amants. Progressivement, leur attachement réciproque gagne en force et en profondeur, et les voilà ensemble à la fin des années 30. Ils ne se quitteront plus jamais. Amour et confiance exemplaires.

Très rapidement, les rôles sont répartis : Thelonious fait la musique, et Nellie fait le reste. Tout le reste. C'est-à-dire : s'occuper de la maison (qui n'est pas très grande, il est vrai), de la belle-mère (qui mourra en automne 53), des enfants Thelonious et Barbara (nés en 49 et 52), de Thelonious son mari (qui joue du piano, regarde la télé en mangeant de la glace, ou reste allongé sur le canapé à grommeler avec des copains de passage). Gagner de l'argent pour tout ce petit monde, car ce n'est pas la vente de ses disques Blue Note ou Prestige qui va renflouer les caisses de la famille. N'oublions pas également, nous y reviendrons plus tard, que Monk s'est vu retirer en 1951 sa carte de cabaret qui lui permet de jouer en ville, et ce jusqu'en 57 ; ce n'est donc pas avec des concerts — il ne quitte New York que rarissimement — qu'il va gagner de quoi faire vivre son foyer. Nellie fait donc des ménages, de la couture, des heures sup, jusqu'à trois boulots par jour, sans broncher.

Maintenant, imaginons une femme qui ait un peu plus de bon sens que d'amour pour son mari ; si l'on s'approchait un soir de la fenêtre de la maison Monk fin 52, après quelques années de mariage, voici ce que nous aurions toutes les chances du monde d'entendre :

1. J'en ai marre de ta mère.

2. Tu ne fous rien dans la maison, à part boire de la bière avec des bons à rien.

3. Tu ne peux pas travailler, puisque tu as perdu ta carte de cabaret ; tout ça pour protéger un type, Bud Powell, qui ne t'attirera que des ennuis, et qui finira dans le caniveau.

4. On a déjà un fils, et me revoilà enceinte. Avec quoi on va les nourrir ?

5. Tu ne vends pas de disques, parce que tu es incapable de faire la moindre concession, au nom de ton Art, dont personne n'a rien à foutre. Ton copain Dizzy Gillespie a son nom partout dans les journaux, et le petit Miles

Davis, il commence à faire pas mal d'argent, lui aussi. Comment ça se fait que toi, pour qui ils ont tant de respect, tu ne gagnes pas un centime, et qu'ils ne sont même pas foutus d'écrire ton nom correctement dans les journaux ?

6. Pendant ce temps-là, je gâche ma jeunesse à me ruiner le dos pour que Mossieur Thelonious joue à l'artiste maudit.

7. Sans moi. Je retourne chez ma mère.

Scène tout à fait vraisemblable, et qui a dû s'entendre réellement dans bon nombre de foyers de jazzmen, dont l'espérance de vie dépasse rarement la venue du deuxième enfant. Mais pas de ça chez les Monk. Impensable, impossible. Car Nellie a compris depuis le début le prix que son amour et sa confiance en Thelonious lui feraient payer. Peut-être fut-elle encore plus convaincue que Thelonious lui-même du génie de celui-ci, et des sacrifices qu'il lui en coûterait pour le faire admettre par le monde entier. Alors elle fait tout simplement ce qu'il faut faire. Thelonious le sait, et il peut ainsi s'occuper exclusivement de sa musique. Travail d'équipe. À ma droite Monsieur et Madame Monk, 150 kilos, pas d'économies, à ma gauche New York City, la machine à broyer les rêves et les destins. Le match sera long, les handicaps inégaux, ça va se jouer en quinze rounds, pas un de moins. Nellie sait tout cela. Elle fera tout pour dignement, patiemment, gagner la partie.

Toujours, elle sera auprès de son mari. À la maison quand les temps sont difficiles. En tournée quand les affaires finissent par décoller. Cette grande femme souple et sèche l'habille, commande son déjeuner, compte l'argent du concert, enregistre les bagages, envoie les cartes postales, téléphone au taxi, parlemente avec les organisateurs, défait les bagages, s'inquiète des retards, refuse des propositions louches, paie les notes supplémentaires, refait les bagages. Elle fait tout. C'est par elle que tout passe, et quiconque fréquente Thelonious d'un peu près le sait. Ce dernier a envers elle une confiance immédiate et aveugle, et l'idée même de quitter New York sans elle est impossible. Pas de Nellie, pas de Thelonious.

Et lorsqu'il devient progressivement malade, la pression s'accentue, car il faut maintenant qu'elle le protège contre lui-même. Et comme le dit son fils, qui avait parfois devant lui un homme dont il comprenait confusément qu'il ne reconnaissait même pas ses propres enfants, la réaction d'un môme est de fuir cette réalité monstrueuse. Mais le souci de Nellie fut de leur faire comprendre qu'il fallait faire face à cette réalité, et que tout enfants qu'ils fussent, c'était aussi à eux de veiller sur leur père, tout comme celui-ci veillait sur eux — quand il le pouvait. Il faut qu'il y ait à côté de cette ombre menaçante une sacrée dose d'amour et de confiance pour rétablir l'équilibre. Et cet équilibre, c'est Nellie. Il paraît que la nouvelle génération de hors-bord, appelés « cigarettes », a un moteur trop puissant pour la coque du bateau. Celui-ci, ballotté par la houle, risque à chaque instant de se renverser en raison de sa trop grande vitesse et de son équilibre instable. L'utilisation d'un contrepoids mobile, se déplaçant d'avant en arrière sur le bateau, permet ainsi d'en contrôler l'aplomb. Toute la difficulté consiste donc à juger efficacement de l'endroit exact où il faut exercer ce contrepoids. Nellie, c'est ça : sans arrêt sur le pont, elle tente d'équilibrer cette puissance créatrice énorme qui emporte toute la famille vers le succès ou la catastrophe. À elle de trouver sa place dans cette dynamique, dont chaque instant est crucial.

Jugeons-en : Thelonious est un peu « bizarre ». Un policier, disons, d'un état du Sud, le voit en train de faire l'avion les bras étendus dans la rue : il l'apostrophe sans aménité. Dans ces cas-là, Thelonious ne dit rien, et se contente de rouler des yeux effrayants. Voici donc ce que voit un raciste de base du Mississippi : un gros Noir, d'une stature imposante et au regard ambigu, habité de folie, avec un drôle de chapeau, qui tout d'un coup refuse de faire le moindre geste. Au mieux, le type sort sa matraque et lui tape dessus, comme cela lui arrivera plus d'une fois, au pire, il sort son flingue et le descend. Ça, c'est le scénario catastrophe que Nellie est obligée de prévoir tous les jours. C'est épuisant. Le danger côtoie le quotidien avec une douloureuse proximité, et Thelonious est capable de passer de l'un à l'autre avec beaucoup trop de facilité. Le problème avec lui, c'est qu'en cas d'agression il rentre en lui-même avec une puissance quasi palpable, une sorte de violence à l'envers, qui est aussi dangereuse que si elle s'exprimait par un coup de poing ou une insulte. Écrasante responsabilité pour Nellie, qui combine les rôles de mère et d'épouse, et qui à longueur de journée canalise, dévie, anticipe, justifie, désamorce, protège, enrobe un Thelonious qui ne pense qu'à deux choses : sa famille et la musique. On comprend pourquoi Nellie fut aussi soulagée de rencontrer en la personne de Pannonica une aide et une amitié précieuses : car tout cela était peut-être trop pour une seule femme.

La baronne Pannonica de Koenigswarter sortait sans aucun doute de l'ordinaire. Fille d'un Lord Rothschild, branche anglaise, elle était, comme ses frères et sœurs, appelée à mener une vie de privilèges et d'honneurs, et il ne faisait aucun doute qu'un beau mariage viendrait entériner ces héréditaires dispositions. Mais rien que son prénom semblait la prédestiner à une originalité que sa famille récusa, toute sa vie, avec constance. Pourtant, c'est son père, chasseur de papillons à ses heures perdues, qui, en découvrant une espèce inconnue dans une région d'Europe centrale située à peu près vers l'actuelle Hongrie, appelée dans les temps anciens *Pannonie*, décida d'en donner le nom et au papillon, et à sa fille. Jeune femme d'une grande beauté, elle s'éprit à un âge convenable d'un jeune homme fort convenable également, dont la naissance ne désavouait pas ses propres origines : le baron Jules de Koenigswarter était en effet un beau et jeune militaire français, de fort bonne famille, et qui était promis dans cette période précédant la Seconde Guerre mondiale à un avenir brillant sinon glorieux. Nés pour s'aimer. Rarement vit-on un couple aussi homogène et dissemblable à la fois : issus tous deux d'un milieu aristocratique, leur union était fort naturelle ; et pourtant tout les opposait. Lui : rigide, sombre, sérieux, responsable. Les arts ne l'intéressaient que s'ils étaient martiaux, et son honneur le dispensait souvent d'humour. Excellent homme, il avait en épousant Nica embrassé un monde qui, tout en lui paraissant familier, lui était en fait complètement étranger. Elle : fantasque, artiste (pianiste et peintre talentueuse), se souciant peu des convenances, dernière de la famille, et fort peu disposée à remplir les fonctions mondaines auxquelles son éducation semblait l'avoir destinée. Une originale, en somme. Il s'ennuyait au concert, elle aux dîners ; pourtant un amour profond les unissait et il semblerait que cela suffisait à transformer ces divergences en motifs d'adoration mutuelle.

Vint la guerre. Le jeune Jules répond à l'appel du général de Gaulle, et le couple déménage en Angleterre. Jules fait alors la campagne d'Afrique, à la tête de blindés, et la légende prétend que Nica prit le maquis, pilota des ambulances, suivit son mari dans les combats, fut infirmière, résistante, glorieuse. Je n'ai pas pu vérifier la véracité de cette histoire, il me suffit qu'elle soit plausible pour l'admettre sans rechigner. C'est à la suite de la guerre que Jules décide d'embrasser la carrière de diplomate. Nica lui donne six enfants. Tout semble promettre ce couple à une vie brillante et mondaine. Mais c'est là en fait qu'il commence à se fissurer : en poste à New York, Jules voit progressivement sa femme adopter par amour de l'art les mœurs et vices de ceux qu'il appelle des nègres. Ce n'est pas une bonne épouse de diplomate. Elle s'habille souvent sans soin, n'aime pas recevoir une foule constante de gens superficiels et intéressés. Elle fume des joints et se comporte d'une façon de plus en plus inadmissible pour un officiel en vue. Les deux familles frissonnent de commisération pour le pauvre Jules, qui devra bientôt choisir, déchiré, entre sa femme et sa carrière. Le choix finalement sera fait : il quittera sa femme, se remariera et poursuivra son bonhomme de chemin diplomatique. Nica, quant à elle, demeura à New York où l'enchaînait sa passion pour le jazz. Inutile de préciser qu'au vu de sa conduite inadmissible, le conseil de famille, par la main de sa sœur aînée Myriam, décida de l'exclure de la gestion du portefeuille familial, en d'autres termes de lui couper les vivres. Mais quand on coupe les vivres, chez les Rothschild, il est encore heureusement possible de conserver deux Bentley et une Rolls, d'acheter une superbe maison sur les rives du New Jersey avec vue panoramique sur Manhattan, et d'entretenir deux bonnes centaines de chats.

Pour un jazzman, dont la moitié de la journée semble se passer à garder la tête hors de l'eau, financièrement et légalement, on imagine le spectacle que peut fournir la Baronne, dont la limousine s'arrête sans bruit devant le Village Vanguard, pour auréoler le lieu saint d'un parfum de luxe impossible... Car elle était là pour ça, Nica : pour rappeler à tous ces grands artistes, qui avaient offert leur vie à leur instrument, qu'il y a un faste, un standing, qui se doit d'accompagner le génie. Charlie Parker passera la fin de son existence entre des clubs, des coins de rue sordides où l'attendaient un dealer, un flic, ou les deux à la fois, et le mont-de-piété où vingt fois il déposa son saxophone. Ce sera dans sa chambre d'hôtel à elle, au Stanhope, qu'il trouvera la dernière porte qui lui fût ouverte, pour mourir ailleurs que dans la rue. Monk habitera presque toute sa vie dans un appartement microscopique et encombré. C'est chez elle encore, mais à Weehawken, que Nellie et lui décideront de s'exiler une dizaine d'années pour trouver une paix impossible à Manhattan.

Nica est bourrée de classe. Tous ceux qui se voient, de près ou de loin, associés à elle sentent rejaillir sur eux cette tempérance, cette humanité, cette élégance aristocratiques. Une bouffée d'air frais dans le cloaque du jazz new-yorkais. Un semblant de dignité, un espoir d'être reconnu par une société indifférente sinon hostile comme quelqu'un de bien, d'utile, d'admiré. En somme, quand on se trouve avec Nica, on fait un peu partie de la Haute.

Elle donnera donc à Thelonious et sa famille ce que Nellie ne pouvait offrir : une armée d'avocats pour récupérer sa carte de cabaret lorsqu'elle lui fut brièvement retirée une seconde fois en 58, le dernier étage d'une maison immense pour y passer avec sa femme ses vieux jours, un Steinway pour répéter en toute quiétude, ou encore des tours en Bentley. Et, en plus de tout ça, une amitié d'une tendresse et d'un respect infinis. Aucune rivalité avec Nellie, il ne s'agit pas de cela. Elle lui offre son temps, son argent, sa patience lorsque celle-ci a du mal à juguler les crises d'agitation silencieuse qui secouent Thelonious de plus en plus fréquemment. Recommande des docteurs, des hôpitaux, des traitements. Veille, s'inquiète, conseille.

Entendons-nous bien : en Nica, je ne vois pas une sainte ; on ne passe pas du milieu de l'aristocratie internationale aux clubs de jazz sans y laisser quelques plumes, et pour l'œil non averti elle devait représenter l'archétype de ce que l'on appellerait maintenant une *grande bourgeoise baba cool*. Son sens des dures réalités ne pouvait que souffrir de son éducation privilégiée et faire sourire à ses dépens. Son admiration pour Thelonious lui fera dire vingt fois, quand le besoin s'en fit sentir, qu'elle allait s'occuper de ses affaires ; sans beaucoup de succès comme on peut s'en douter. Et puis la dope, qui ronge même les plus belles femmes...

Mais c'était une personnalité flamboyante, qui a rayonné sur ses contemporains avec une passion et une générosité exceptionnelles. Une sorte de bonne fée, un peu cinglée, qui par sa simple présence rappelait que la musique est belle, et que l'honneur n'est pas vain. Un signe excentrique mais bienveillant d'un semblant de justice divine. Une bienfaitrice, une mécène, issue d'un monde apparemment sans besoins ni soucis. Illusion trompeuse : elle paya, avec usure, cette indépendance d'esprit. Qui lui coûta son mariage (et il semble qu'elle soit restée très attachée à son mari jusqu'à sa mort), la mise au ban de sa famille, de ses amis, de son milieu. Ce qu'on appelle un suicide social. Une position qui, même si elle ne devait pas être trop inconfortable financièrement, devait chaque jour lui rappeler le sentiment profond d'exclusion qu'elle partageait ainsi avec ses amis musiciens. Qui lui en furent tous infiniment reconnaissants, et le prouvèrent avec leur richesse à eux, la musique. Monk écrivit pour elle bien sûr la superbe composition *Pannonica*, mais on trouve également, pour ne citer que les plus connus, le très subtil *Nica's tempo* de Gigi Gryce (dont une version existe avec Monk au piano), *Blues for Nica* (de Kenny Drew), *Tonica* (Kenny Dorham), *Thelonica* (Tommy Flanagan) ou encore le célèbre *Nica's dream* d'Horace Silver.

On ne peut pas compter le nombre de musiciens, de familles de musiciens qu'elle aura aidés, compris, soutenus. Elle fut beaucoup plus qu'un personnage excentrique de ce théâtre délirant qu'était le jazz à New York : elle a signifié pour beaucoup l'amour, l'espoir, ou la survie pure et simple. Mais c'est chez la famille Monk, si intègre et fidèle, qu'elle sembla trouver le pendant exact de son aristocratie d'outre-Atlantique. Valeurs si différentes, et pourtant si semblables. Thelonious de Monk...

Étrange pourtant de voir comment Nica est passée à la postérité comme la femme chez qui deux des plus grands jazzmen, Charlie Parker et Thelonious Monk, sont morts. La réalité est beaucoup plus diverse, plus vivante, mais l'Histoire, cruelle, ne recense souvent que les tombes. L'intimité de Nica avec Charlie Parker était celle d'un homme aux abois et d'une femme généreuse. Pas du tout la même intensité, le même respect, qu'avec Monk. Le Bird est mort chez elle presque par accident. Monk par affection. Une anecdote racontée par le saxophoniste Barney Wilen qui figurait sur l'enregistrement de la bande-son du film de Vadim *Les liaisons dangereuses* (1960) éclaire immédiatement les rapports de Thelonious avec la Baronne. À l'occasion de cette séance, où Monk avait été sollicité comme chef d'orchestre, les deux amis montèrent dans la fameuse Bentley, pour se rendre à l'enregistrement. Il pleuvait des cordes. Ils arrivent au studio, et Thelonious, qui s'inquiète de ne pas avoir reçu les contrats préliminaires à l'enregistrement, refuse de sortir de la voiture tant qu'il ne les a pas en main. Nica, elle, est allée aux nouvelles et parlemente avec les gens de la production. Revient, sous la pluie, pour expliquer à Thelonious, engoncé dans la Bentley, que le problème va s'arranger.

Refus. Aller-retour. D'autres aller-retour. Et Nica, trempée comme une soupe, plaidant à travers la vitre, je vous assure, Thelonious, cet homme m'a l'air honnête, vous devriez y aller... Pour la petite histoire, Monk entra, fit la musique, mais le producteur de la session ne put réussir à obtenir les droits sur la bande-son, et ne réussit pas à l'éditer en disque. Elle est maintenant connue sous le nom d'Art Blakey, qui en enregistra le reste : Nica était bonne, et Monk avait raison.

Est-il besoin d'en dire plus ? Il est injuste de dire de Nica qu'elle fut le fossoyeur des jazzmen. Par un curieux hasard, même sa propre mort coïncidera avec la disparition d'un autre intime de Monk, Charlie Rouse. Mais je préfère voir en elle une *étrangère* qui, tout comme Lion et Wolff que nous rencontrerons plus tard, entend chez Monk ce qui est inaudible à l'oreille américaine. Celle chez qui se réfugient les étrangers. La normalité est une chose ambiguë aux États-Unis, où un comportement déviant est souvent la promesse de quelque chose de neuf, et donc de potentiellement intéressant et lucratif. Mais il faut souvent l'œil de l'étranger, de l'Européen, de l'ancêtre, pour discerner le génie dans l'originalité, le beau dans l'étrange. L'apport du jazz, et de la culture noire en général, dans l'histoire américaine est un vaste sujet qui a été commenté et étudié par un grand nombre d'exégètes. Mais une chose est sûre : l'Amérique a du mal à admettre l'existence du jazz autrement qu'en le digérant, en le phagocytant, et en le dépossédant de ses origines. Vieille arnaque du melting-pot. Nica (et quelques autres), étrangère à cette problématique qui ne remet pas en cause le fondement de sa nationalité, porte donc sur le jeune Thelonious un regard épris de respect qu'aucun racisme même latent ne peut entacher.

Sur la mère de Thelonious, Barbara, je ne sais que peu de choses. Ce fut elle qui emménagea au 243 West 63e Rue. C'est donc chez elle que la famille Monk vivra presque cinquante ans, même après sa mort. Une femme volontaire qui élève ses trois enfants seule. Qui croit très tôt au talent de son fils pour la musique, et l'encourage à poursuivre un métier que beaucoup de mères jugeraient trop instable et immoral pour assurer un avenir décent à sa famille. Qui décide, en pleine force de l'âge, de se convertir à une religion exigeante, jusqu'au-boutiste, et devient témoin de Jéhovah. Convertit son deuxième fils, Thomas. J'imagine une femme de convictions, d'honneur, qui inculque à sa famille des valeurs qui seront leur guide toute leur vie : amour, dignité. Thelonious était sans aucun doute extrêmement attaché à sa mère, dont il était l'enfant préféré, et il n'est pas exclu que la disparition de celle-ci à la fin de l'année 53 ouvrit la porte à ses premiers désordres mentaux que l'on peut dater aux alentours de 54. Sa mémoire perdure donc chez la fille de Monk, née à cette époque et nommée après sa grand-mère : Barbara.

Sur elle, il me fut plus aisé de rassembler des témoignages. Vite connue sous le nom de Boo Boo, elle est, semble-t-il, la seule femme de l'univers de Monk qui y ait joué un rôle essentiel tout en étant d'une génération en dessous. Mais elle conserve, par son prénom, l'ancienneté de cette autre femme qui est sa grand-mère. Au dire de tous, elle entretenait un rapport extrêmement fort avec son père, dont elle avait hérité les dons musicaux. En fait, elle partageait avec Thelonious beaucoup plus que le fait de pouvoir, très jeune, rejouer ses compositions au piano : elle fut fort tôt pareillement intense, abrupte, avare de ses mots, directe à vous secouer au plus profond de vous-même par une seule de ses remarques. Elle voit tout, comprend tout, mais ne dit rien. La fille de son père.

Un exemple me saute à l'esprit pour illustrer cette parenté. Avez-vous remarqué comment Monk conçoit ses introductions ? Le plus souvent, les quelques mesures que joue traditionnellement un pianiste avant que l'orchestre ne démarre en disent souvent long sur lui. Il y a la façon « standard », qui consiste à citer la fin du morceau, afin d'amorcer la pompe à swing, et mettre clairement l'orchestre sur les rails. Il y a la façon subtile, par laquelle on amène une cadence pleine de goût, qui brosse en toile de fond la couleur du morceau. La percussive : une petite figure aux syncopes bien placées, qui tourne sur quatre mesures, et qui sert d'apéritif rythmique au festin du morceau. L'austère : un accord d'appel, deux trois notes, ça suffit. Etc. Chaque pianiste a sa façon à lui d'introduire la musique.

Mais des intros comme celles de Monk, il faut dire qu'on n'en entend pas souvent. Ses mélodies sont anguleuses quoique familières, et même lorsqu'il cite une chanson connue, elle apparaît sous ses doigts comme une chose toute nouvelle. On pourrait donc croire que pour en adoucir l'étrangeté (mais pourquoi faudrait-il adoucir quoi que ce soit ?), il nous prendrait l'oreille avec diplomatie et nous mènerait pas à pas dans son monde musical. Erreur. Monk tranche dans le vif du sujet. Il choisit avec soin *la* phrase la plus abrupte, la plus hermétique de toute la chanson, et nous la sert, encore toute nouée, sur sa petite assiette. Une espèce de bestiole de forme indéfinissable qui, en grimpant le long de votre tympan, va chatouiller une partie de votre cerveau que vous pensiez endormie depuis plusieurs millions d'années. Glissez jusqu'à votre discothèque pour écouter l'introduction de *Gallop's gallop* avec Gigi Gryce (« *Nica's Tempo* », 1955), abstraite à en grincer des dents, ou encore celle de *I let a song go out of my heart* (« *Monk plays Duke Ellington* », 1955) qui, en reprenant la queue de la mélodie, la fait passer au Monk Mixer, et la transforme en quelque chose de complètement énigmatique. Il semblerait qu'en vieillissant Thelonious ait peu à peu abandonné ce plaisir de l'introduction acide, mais jusqu'au début des années 60, c'est un vrai régal.

Celle qui continuera de m'émerveiller jusqu'à mon dernier jour est sans aucun doute son ouverture au très classique *I should care*, où il est censé préparer l'arrivée du chanteur Kenny « Pancho » Hagood (« *With Milt Jackson* », Blue Note, 1948). Cette introduction me rappelle invariablement une scène d'un film de Buster Keaton, où, à la piscine, celui-ci tente d'impressionner sa douce en sautant du plongeoir. Alors que le mouvement naturel du plongeur (tout comme celui du pianiste qui introduit un morceau) consiste à lancer son corps (la musique) selon une dynamique progressive et continue, Buster Keaton, arrivé au bout de la planche et terrorisé par la hauteur à laquelle il se trouve, décompose cette course fluide en une dizaine de mouvements contradictoires et quasiment simultanés, où s'opposent en un ballet irrésistible l'élan qu'il a pris et la peur de tomber. L'effet en est bien sûr génialement comique, mais j'ai dû me passer en vitesse lente sur mon magnétoscope ces deux ou trois secondes une bonne vingtaine de fois, pour arriver à décomposer, mouvement par mouvement, cette scène qu'il a dû, j'en suis sûr, travailler pendant des jours.

Eh bien, cette introduction de *I should care*, c'est pareil. N'oublions pas que dans un cas semblable on commence à zéro : l'auditeur n'a aucune indication rythmique ou harmonique à laquelle se rattacher, et c'est précisément cela qu'est censé fournir le piano. Au lieu donc d'annoncer paisiblement une tonalité et un tempo, Monk place à des endroits incompréhensibles des accords parfaitement ambigus qui rendent miraculeuse l'entrée du vocaliste dans la chanson. Pratiquement, voilà comment cela a dû se passer : on s'est mis d'accord à l'avance sur quatre mesures d'introduction de piano, on donne un tempo, et vas-y Thelonious. Malheur à celui qui l'écoute, au lieu de rester concentré sur le décompte des fameuses quatre mesures ! Émerveillé par ses acrobaties rigoureusement imprévisibles (et qui changent à chaque prise), on risque de louper le départ ! Et à l'écoute, privé du claquement de doigts qui précède le début du morceau et indique le tempo, l'auditeur est précipité dans un monde anguleux et complexe qui surprend l'oreille autant qu'il la ravit. Pas étonnant, d'ailleurs que Monk ait si peu joué avec des vocalistes. Une intro comme ça a de quoi en envoyer la moitié en hôpital psychiatrique, où ils se demandent encore dans leur cellule capitonnée ce qui a bien pu se passer.

Rien à mon sens ne peut mieux représenter dans ces introductions ce qui est irréductible à Monk : dès le départ, il court de travers, c'est plus fort que lui. C'est la signature Monk. Et c'est cette signature qu'il va passer intacte à sa fille Barbara : Monko moulage. Givrés tous les deux. Une présence, un regard impressionnants. Le plus étonnant, c'est que Boo Boo se destine à la danse, qu'elle abandonne vers l'âge de vingt-cinq ans. Ce n'est qu'à partir de ce moment qu'elle se concentre sur la musique, et son frère se souvient encore de la facilité avec laquelle, dès le début, elle écrivait des morceaux aux harmonies étrangement proches de celles de son père, avec une sûreté mélodique instinctive. Une voie royale et captivante s'ouvre devant elle, l'avenir lui appartient.

Elle mourra d'un cancer à vingt-neuf ans. Barbara suivra donc de près son père dans la tombe, avec la seule satisfaction de lui avoir épargné la douleur de son propre décès. Voici donc le double probable de Thelonious qui disparaît quasiment en même temps que lui, laissant derrière elle un goût âcre de défaite mêlée au souvenir. De ces femmes primordiales dans la vie de Monk ne subsistent, au moment où j'écris ces lignes, que Marion, sa sœur, et Nellie, sa femme.

5

Producteurs I

Ce sera une autre femme qui, par son enthousiasme indéfectible pour la musique de Thelonious, contribuera à lui ouvrir les portes d'un monde qu'elle s'étonne jusqu'ici de lui voir fermé. Trente ans, et toujours pas de disques sous son nom ? Comment est-ce possible ? Lorraine Lion ne comprend pas. Elle mettra donc toute sa juvénile énergie au service du pianiste pour le faire reconnaître par une industrie qui l'ignore. À la différence des autres femmes mentionnées plus haut, elle possède un atout majeur dans la bataille du disque : elle est l'épouse de l'excellent Alfred Lion, cofondateur avec Francis Wolff d'un label appelé, quelques années plus tard, à jouer un rôle capital dans le développement de l'histoire du jazz : les disques Blue Note. Lion a en effet fui l'Allemagne nazie et fondé son label aux États-Unis en janvier 1939, à seule fin d'enregistrer deux pianistes de boogie-woogie, Albert Ammons et

Meade Lux Lewis dont la musique l'avait enthousiasmé. Petit à petit, d'autres artistes de la même veine étoffent son catalogue. Lion n'est pas encore très sensible à cette nouveauté qu'est le bebop.

Il faut dire qu'à un moment où la planète entière s'écroule sous les bombes le jazz à New York connaît, à sa modeste échelle, des bouleversements similaires. Et pour un amateur peu averti, la guerre du bebop constitue un champ de bataille embrouillé d'où il est encore difficile de retirer un sens. Mais dès 44, Lion, qui s'est entre-temps associé à Wolff, s'intéresse à un saxophoniste « moderne », Ike Quebec, qui enregistre alors pour eux. C'est le pied dans la porte. Il présentera ainsi aux Lion une foule de musiciens qui constitueront bientôt une « équipe Blue Note », et qui propulseront rapidement le label sur la scène la plus pointue du jazz de l'époque. Thelonious fut ainsi l'un des premiers musiciens présentés aux Lion : ils furent immédiatement emballés. Contrat d'exclusivité pour cinq ans, confiance aveugle en Monk : en l'enregistrant, ils ne font que souscrire au devoir qui astreint les producteurs à reconnaître et à diffuser le talent d'un musicien aussi exceptionnel. En effet, en dépit de l'indifférence au mieux passive et au pire méprisante de la critique et du grand public, les Lion continueront d'apporter leur soutien fervent — à fonds perdu — à celui en qui ils voient un des génies du siècle. On dira même dans le milieu que leur politique artistique confinait au suicide commercial. L'avenir leur prouvera qu'il n'en est rien, mais ils n'avaient à l'époque comme toute richesse que leurs convictions. De grands producteurs. Il y en a eu de toutes sortes, des producteurs de jazz : courageux, affairistes, escrocs, visionnaires, amoureux, prudents, suicidaires, ruinés, millionnaires, on a tout vu ! D'ailleurs, le moment serait peut-être opportun de les passer à la loupe... Car sans eux, rien ne se fait, et il serait dommage de les oublier...

Ils sont plusieurs dans le même panier. Au tournant des années 50, il y a les producteurs (en anglais : *executive producers*), les producteurs délégués (*producers*, la traduction est trompeuse), et puis les fameux *A&R men* (pour Artistes et Répertoire). Quand on est producteur, c'est avant tout une histoire d'argent : cela veut dire que pour l'enregistrement d'un artiste on investit des fonds que l'on espère récupérer (et multiplier) lors de la vente de cet enregistrement. Mais cela suppose également, puisqu'on tient les cordons de la bourse, qu'on se réserve le droit de choisir tel ou tel musicien, dans tel ou tel contexte : choix noble. Le producteur délégué, lui, accomplit les basses œuvres : réserver le studio, prévenir les musiciens et s'assurer qu'ils sont là aux jour et lieu dits, commander les pizzas pendant la pause, bref faire en sorte que l'enregistrement lui-même se passe au mieux. Attention : c'est une étape très importante. Car un disque de jazz n'est jamais qu'un instantané de la musique d'un artiste, pris un jour dans sa vie. La veille ou le lendemain, cela peut donner des résultats tout à fait différents. Il y a des séances magiques, et des rendez-vous ratés. Ça peut se préparer, une séance magique : choix des musiciens, répertoire, ingénieur du son, et ainsi de suite (boulot de producteur). Mais il faut également lors de l'enregistrement déployer beaucoup d'intuition et d'intelligence pour que la musique sonne à son mieux. Il faut s'écraser quand il faut, suggérer au bon moment, et avec tact, de passer à la suite quand on sent que la séance est en train de s'embourber dans un morceau gluant, trouver un remplaçant à la dernière seconde quand l'occasion l'exige (hélas assez fréquemment dans l'histoire du jazz), calmer les musiciens quand il y a une galère technique, et Dieu sait s'il y en a (j'ai l'impression qu'on a un problème avec les micros, attendez, je vérifie quelque chose — juste au moment où on sent qu'on va faire la bonne prise), etc. Et surtout représenter de la façon la plus diplomatique l'adversaire ancestral de l'artiste : le financier.

Et puis il y a les *A&R men* (prononcer haie haine arrhes). Comme leur nom l'indique, ils sont responsables du choix des artistes et plus généralement de la couleur de la musique qu'ils vont donner au label qui les emploie. Et c'est là encore qu'il faut faire une distinction, la dernière, c'est promis. Parce qu'il y a les labels dits indépendants, c'est-à-dire tout petits, et puis les *Majors*, c'est-à-dire les gros. Entre les deux, quelques maisons spécialisées qui font des affaires. Les petits indépendants ont une dizaine d'artistes qui ne se vendent pas trop mal, et visent un public plutôt spécialisé, avec de temps en temps un tube : petits profits, si l'on considère la durée d'amortissement de l'ensemble du catalogue. Les Majors au début des années 50 représentent en général une branche d'une activité industrielle diversifiée et profitable (Columbia ou RCA-Victor), ou alors des labels qui comptent chez eux les stars du jazz vocal ou instrumental, comme c'est le cas chez Capitol (Nat King Cole, Sinatra, George Shearing) ou Decca (Armstrong, Ella Fitzgerald) : grosse galette. C'est dans des entreprises comme celles-ci que l'on trouve les A&R men, qui sont en fait des directeurs artistiques. Ils ne mettent pas d'argent dans l'affaire, puisqu'ils sont salariés, mais ils sont virés si les disques qu'ils ont supervisés ne se vendent pas. En revanche, dans les petits labels comme Blue Note, le producteur et le producteur délégué ne font qu'un. Forcément : il est obligé de défendre ses investissements pied à pied, et de veiller à chaque instant à l'excellence de ses produits, au bureau comme au studio (ce qui fait d'ailleurs une différence de qualité notable dans certains cas). Et puis reste encore la catégorie flottante des producteurs indépendants qui travaillent à la demande et au pourcentage des ventes pour des petits ou, plus souvent, des gros labels, comme ce fut le cas de Teo Macero, le producteur de Monk chez Columbia.

Je finis cette galerie de portraits en levant le voile de mystère qui entoure l'agent, souvent assimilé à l'imprésario, ou « manager ». Son rôle consiste, de façon assez floue, à s'occuper des affaires de l'artiste et à défendre ses intérêts, c'est-à-dire : trouver puis négocier ses contrats d'engagement dans tel ou tel club, ou éventuellement avec telle ou telle maison de disque, le représenter auprès de la presse, bref, faire écran entre le musicien et le reste du monde (Monk en aura un, d'agent, mais ce ne sera que plus tard, en 55). Encore une fois, un seul homme peut être producteur et agent, comme ce fut le cas pour Norman Granz qui organisait des concerts, et même des tournées (les fameux Jazz At The Philharmonic), et qui enregistrait en même temps les artistes sous un de ses labels (Clef, Norgran, Verve, puis Pablo).

On se rend bien compte que la diversité (et l'imbrication) de ces appellations recouvre en fait une réalité plus simple : on a face à face deux bonshommes, dont le travail de l'un est de faire de la musique, et l'autre de la vendre. Et selon que ce rapport est bon ou mauvais, eh bien, cela fera une vie plus ou moins remplie. Tout cela est important à comprendre, car Thelonious n'a pas exactement ce qu'on appelle un comportement normal. Il n'est pas très malléable. Il comprend parfaitement la pénible variété des impératifs économiques, mais les ignore quand ils se mettent en travers de ses projets. Il a une idée très précise de ce qu'il veut, et comme tous les visionnaires, il a du mal à convaincre les gens qui ne lui sont pas déjà acquis ; il s'en donne rarement la peine de toute façon. Ses rapports avec ses différents producteurs vont illustrer ainsi de façon criante le décalage entre son génie et son aptitude à le vendre.

Le début de la carrière discographique de Thelonious se fera dans l'enthousiasme. En cinq ans et sept sessions (les trois premières réparties sur deux mois seulement), Monk va enregistrer en effet pour Alfred et Lorraine Lion trente-trois morceaux qui paraissent à l'époque sous la forme de quinze 78 tours et trois recueils sur disque de 25 cm. On peut dire que le label n'y va pas de main morte. De son côté, Monk fournit avec une égale abondance :

vingt-trois compositions originales. Et pas des moindres : je cite, dans celles qui deviendront des classiques, *Round midnight, Straight, no chaser, Ruby my dear,* et ainsi de suite. D'autres qu'il n'enregistrera jamais plus : *Humph, Who knows, Skippy, Hornin'in, Sixteen*... Sans même parler de celles qu'on le soupçonne d'avoir déjà composées à cette époque, et qu'il n'enregistra que plus tard : *Bye-ya, Rhythm-a-ning*... On imagine l'excitation des époux Lion à la découverte de ce monument musical ! Le météorite tombé dans leur jardin ! L'étoile mystérieuse !

La première session que Monk fait pour eux est, comme c'est souvent le cas pour un premier travail, un peu confuse. Il faut dire que la responsabilité n'en incombe pas tant à Thelonious qu'à Ike Quebec, son mentor chez Blue Note. Car ce dernier profite de la session pour placer deux de ses propres compositions sur les quatre enregistrées ce jour-là, royalties obligent... c'est l'octroi à payer pour entrer en studio, rien n'est gratuit... Monk les joue avec la même intégrité que les siennes, mais quand on sait ce qu'il a en stock... Et puis commencer par un sextet, c'est s'attirer à coup sûr des ennuis. Ça fait beaucoup de monde dans le studio, beaucoup de conventions musicales à respecter, beaucoup de risques de faux départs ; quand on manque d'expérience dans le domaine de l'enregistrement, les choses n'en sont que plus compliquées. Mais tout cela n'est pas grave, car Monk emmène tout ce petit monde avec une sûreté et un aplomb qui ne lui feront jamais défaut. Il est sûr de son coup, dès la première note du premier morceau de sa première session. Sa présence est si forte qu'elle éclipse la confusion qui peut régner dans le studio. En outre, les deux compositions qu'il apporte sont sans conteste brillamment originales. Quand on lui demandera le nom de la première, toujours loquace, il grommellera :

— *Humph* (en français : Mmmf).

C'est ainsi que cette onomatopée fut classée composition de Thelonious Monk. En ce qui concerne la deuxième, le titre était déjà prêt : *Thelonious.* Pas de doute, le disque est signé.

Et puis l'orchestre est constitué de musiciens de premier ordre : Art Blakey, le pote, qui entame joyeusement ses vingt-cinq ans de musique enregistrée avec Thelonious ; Gene Ramey à la basse, monté avec Charlie Parker de Kansas City dans l'orchestre Jay McShann ; le trompettiste Idrees Sulieman et le saxophoniste Billy Smith, qui traînent dans les clubs avec Monk depuis des lustres. Même Danny Quebec West, le neveu d'Ike suggéré par celui-ci pour la séance, s'avère être malgré ses dix-sept ans un altiste étonnamment inventif et solide.

Mais c'est un peu plus d'un mois plus tard, pour sa deuxième séance, que Monk, libéré de ses obligations de novice, va donner la pleine mesure de son génie. En trio, entre intimes. Gene Ramey, Art Blakey. Deux standards, *Nice work if you can get it* et *April in Paris*, qui semblent avoir été composés exprès pour lui. Une délicieuse ballade, *Ruby, my dear*, un tempo médium mais pétulant, *Well you needn't*, et deux espèces de morceaux complètement abracadabrants, *Introspection* et *Off minor*, qui demeurent à ce jour des énigmes de modernité. C'est du grand art, et la séance respire une facilité et une cohésion exceptionnelles. Prévue à l'origine pour quatre titres, la session sera étendue à six, tant semble miraculeuse la musique qui s'y joue. Le mois suivant, rebelote : avec son quintet du moment, Monk persiste et signe, avec *In walked Bud, Monk's mood, Round midnight* et *Who knows*, seule concession de la séance aux tempos infernaux pratiqués par les boppers.

Fin 47, les Lion tiennent ainsi quatorze titres, sous des formations variées, toutes excellentes. Et quand ils décident de mettre ça sur le marché, ils ont a priori toutes les raisons de se réjouir. Monk a trente ans. La bombe. On a beaucoup parlé du disque d'Ornette Coleman, « *Free Jazz* », qui en une plage a bouleversé cette musique. Ces premiers enregistrements de Monk, aussi explosifs, auraient dû produire le même effet. Seulement voilà : ce n'est pas le tout de larguer une bombe, encore faut-il, pour faire de l'effet, qu'elle ne tombe pas dans le désert. Et les acheteurs de disque de l'époque n'étaient pas encore prêts à se faire tirer l'oreille de façon aussi souveraine. Mettons que c'était une bombe à retardement.

Parce que tout est déjà là, mûri, pensé, fignolé. Du trois minutes trente pur génie. On n'en connaît pas beaucoup, des gars qui arrivent tout cuits. Il y a toujours des périodes de formation, où l'on devine le grand artiste sous des balbutiements encore désordonnés. Le producteur avisé s'excite, il sent la bonne affaire, et signe l'artiste encore vert. Mais Thelonious, c'est tout le contraire. Quand il arrive avec ses petits tableaux, il n'y a plus qu'à planter les clous pour les accrocher au mur. Tout du bon. Il faut dire aussi que le fait de commencer à enregistrer aussi tard dans sa vie a permis au pianiste de mûrir dans son coin sans que personne, à part les initiés, ne remarque quoi que ce soit. Mais le plus important dans ces enregistrements est sans doute qu'il s'impose tout de suite, impérial, dans la catégorie *compositeur*. En proposant des formations variables, trio, quintet, sextet, il exhibe dans chacun de ces orchestres la vitalité de son génie. Il ne se met pas en avant comme virtuose, bien qu'il en soit un à sa singulière façon. La musique qui l'habite s'exprime nécessairement par le piano, mais semble trouver son extension naturelle dans d'autres instruments qui, loin de jeter une ombre sur son propre jeu, soulignent au contraire son extrême originalité.

Un disque a été enregistré par des admirateurs de Monk peu de temps après sa mort : « *That's The Way I Feel Now* ». Des musiciens de tous horizons, en particulier de la pop et du rock, ont participé à l'enregistrement de cet hommage exclusivement consacré aux compositions du pianiste. Mais pas uniquement en « format jazz ». Guitares électriques, synthétiseurs, batterie rock et tout le tralala. Tous ces gens jouent pratiquement note pour note les morceaux de Monk. Instructif et délicieux : on s'aperçoit que dans un contexte pourtant si différent sa musique sonne avec une fraîcheur stupéfiante. Et qu'elle sonnera encore dans dix siècles, sur des instruments qu'on n'ose même pas imaginer, des harpes laser, des polyphonies transsubstantielles, que sais-je, tant qu'on jouera exactement ce qu'il a écrit. Il paraît qu'il mettait plusieurs semaines à écrire un morceau, le rejouant inlassablement jusqu'à ce qu'il atteigne la version définitive. Vingt fois sur le métier remettez votre ouvrage. Assis à son piano droit, le plancher usé sous les semelles, dans son minuscule appartement. Croquis, ébauche, peinture, fixateur, et on ne touche plus à rien. Tout le contraire de la composition folâtre et polymorphe qu'on trouve à un tempo, puis un autre, ou dans plusieurs tonalités différentes : en big band, en solo, en trio, en quartet, il jouera toujours la même chose, au reste du monde de se calquer sur lui !

Un exemple : prenons sa composition *Shuffle boil*. Sans entrer dans les détails techniques, on dira que les deux notes aiguës de la mélodie sont juste au-delà du registre du saxophone ténor. Il est possible de les jouer, mais en utilisant le principe des harmoniques, difficile à maîtriser, et susceptible d'occasionner quelques couacs disgracieux. Première réaction du saxophoniste : Écoute, Thelonious, tu as écrit ça trop haut, ça t'ennuie si je le joue une octave en dessous ? Réponse de Monk : Tu es musicien professionnel ? Bon. Tu es au syndicat ? Bon. Alors joue la putain de partition. Fin de la question. Et le pire, c'est que Monk a raison ! Ça sonne ! Malgré les couacs ! Ou à cause des couacs ! La revanche de l'esprit sur la matière !

Plus encore que la peinture, son travail me rappelle surtout la sculpture. Il compose au burin et au ciseau, Monk. Chaque fois qu'il joue une note, c'est un petit éclat de marbre qui saute, ça fait presque mal, mais on sait que l'on s'achemine vers la forme parfaite, anguleuse mais lisse. Pas comme Miles Davis ou Ahmad Jamal qui effleurent sensuellement une idée de mélodie, ou encore Tatum qui dans une vision quasi épileptique fait entrevoir tous les possibles en même temps. Il me rappelle Brancusi, Monk : il sculpte, dans la masse sonore, des espèces de gros machins compacts et aboutis qui, achevés, éblouissent par leur beauté, leur rigueur, leur humour.

Et en matière de tempo, autant le préciser tout de suite : les compositions de Monk ont *un* tempo, parfois deux, mais toujours les mêmes. Il laisse à d'autres le soin de transformer *Round midnight* en ballade (ce qu'elle n'est pas à l'origine) ou *Well you needn't* en up tempo (qui ne l'est pas non plus). Je me suis amusé, un métronome à la main, à contrôler sur certaines de ses compositions les variations éventuelles de tempo d'une version sur l'autre, sur l'ensemble de sa discographie. Verdict : à quelques très rares exceptions près, ça ne bouge pas d'un millimètre. Pas d'un poil. Il entend ses compositions à un tempo, tout comme il y a souvent une seule façon de jouer tel ou tel accord supportant la mélodie. C'est rare en jazz, musique protéiforme qui mâche et digère son répertoire pour le faire resurgir toujours changé. Puisqu'on évoquait Miles Davis, regardez le traitement qu'il a fait subir à son fameux *All blues* : avec la complicité de Tony Williams, Herbie Hancock et Ron Carter, le trompettiste ne fait rien moins, quelque dix ans plus tard, que doubler le tempo original ! Chez Monk, jamais.

Sculpté dans le marbre. Parfois, il retouche en cours de route une composition, il retire deux mesures au pont de *Criss cross*, il change la couleur rythmique de *Bye-ya*, des bricoles, du détail. Rien de bien sérieux. Le fond reste toujours le même, du marbre. De la musique minérale. Et cela se sent, dès ses débuts, de façon éclatante. L'année 47 n'aura pas été perdue ; c'est aussi celle de son mariage avec Nellie. Un beau début.

Devant le peu d'enthousiasme soulevé par ses albums, Monk continue donc de mener sa petite vie de musicien de club sans que rien ne change réellement. Quatre ans vont s'écouler de la sorte. On trouve des traces de lui un peu partout, mais rien de bien glorieux. Il joue un peu dans tous les clubs, rarement sous son nom, et quand il le fait la salle se vide... Birdland, Royal Roost : là ou ses collègues triomphent, lui se contente d'être là et d'empocher la paie. Les patrons de club ne l'aiment pas trop, il a l'air un peu trop malin avec sa façon de ne rien dire et de n'en penser pas moins... et puis il paraît qu'il arrive souvent en retard... il n'a pas vraiment le bon profil et de toute façon il ne peut pas remplir un club, alors...

Il est particulièrement intéressant de remarquer que les débuts musicaux de tous ses brillants collègues de l'époque, Miles, Bird, Dizzy,

Blakey et tant d'autres, sont tout de suite repérables. Ces gars-là veulent se tailler une place dans le jazz, ils font tout pour, ils montent à New York, jouent dans tel ou tel orchestre connu qui leur sert de tremplin vers un avenir qu'ils attendent avec impatience. Ils se regroupent en bande. Ils maudissent les critiques. Ils font parler d'eux. Ils s'agitent. Le travail de l'historien en est simplifié : on sait tout de suite où ils jouent, ce qu'ils font, vers où ils vont. Mais dans le cas de Thelonious, c'est complètement différent. À cette époque, ses traces se perdent, on a du mal à le pister. Il demeure dans une ombre incompréhensible.

Pourtant, chaque fois qu'il se retrouvera en studio à cette période, il fera état d'une forme impeccable. À se demander ce que ses contemporains avaient dans les oreilles. Ses propres enregistrements continuent de défricher de vastes étendues vierges, qu'il parcourt avec un génie vigoureux, jamais en faute. Les musiciens qui l'accompagnent regorgent de talent : Milt Jackson, Sahib Shihab, Kenny Dorham, Lou Donaldson, Lucky Thompson, Shadow Wilson, Al McKibbon, Art Blakey, Max Roach, quelle brochette !

Et quand il est invité à se joindre à la fameuse séance Verve (« *Bird and Diz* », 1950) pour accompagner les « inventeurs du bebop », il remplit sa fonction avec une autorité exemplaire. Ses solos sont incisifs, brillants. Son accompagnement est impeccable. De toute évidence, il est fin prêt à ce que les portes du succès s'ouvrent à lui. Pas de flou, pas d'hésitation. Sa densité, sa précision et son originalité plaident pour une reconnaissance immédiate. Mais non : Bird et Dizzy s'envolent toujours plus haut vers la gloire, et lui fait du surplace, tel un figurant négligeable sur le théâtre du bebop. Le type qu'on voit toujours en arrière-plan, dans toutes les scènes, et qui finit par encombrer. Poussez-vous, s'il vous plaît, je n'arrive pas à voir le Bird... D'ailleurs, la photo que l'on voit en couverture de ce fameux disque Verve représente Bird et Dizzy, tout sourire, comme béatifiés par leur immense succès. Mais ce qu'on ne sait pas, c'est qu'elle a été coupée, la photo ! Je l'ai vue, l'originale ! Et à droite, là où c'est coupé, il y a un autre type, et ce type, c'est Monk ! Et là, on comprend tout ! D'un coup de ciseau, on le fait gicler, l'indésirable ! Le fâcheux ! Merci, au revoir ! Et pourtant, sur cet instantané comme sur le disque, il est parfaitement à sa place, Thelonious ! Et ils le savent, les deux autres ! Ça se voit, ça se sent !

Mais pour Monk, l'heure n'est pas encore venue. Au moment où Parker moissonne les blés mûrs de son génie, il continue, dans son jardin unique, à semer ses petites graines... Sa famille s'agrandit, et en décembre 49 Nellie lui donne un fils. Puis en 53 une fille. Il pense à l'avenir, Thelonious, l'œil rivé sur la Grande Horloge qui semble lui dire : patience, patience, ton heure viendra.

Pour le moment, si son expérience chez Blue Note n'a pas été un succès financier, loin de là, on se doute qu'il en a quand même retiré le sentiment que sa musique pouvait rencontrer un grand enthousiasme chez les gens du métier. Il n'était pas à l'usine, chez les Lion. C'était le petit atelier de confection, le garage de bricolos, avec des patrons passionnés et convaincus. Comme on l'a vu, il enregistre beaucoup avec eux. Plus, ce serait de la folie, ou du mécénat. Il grave donc pour eux ses dernières plages le 30 mai 1952. Le 15 octobre de la même année, on le retrouve chez Prestige.

Chez eux, ça bouillonne. Cela fait à peine trois ans que le label existe, et il compte déjà quatre-vingt-deux séances d'enregistrement avant l'arrivée de Thelonious ! Le fondateur de la compagnie, Bob Weinstock, avait fait ses premières armes sous la direction de Ross Russel (Dial Records, les sessions avec Charlie Parker). Mais il tenait surtout un magasin de disques en plein centre de Manhattan, sur la 47e Rue : le Jazz Record Center. Il avait mis à l'extérieur de la boutique des haut-parleurs qui diffusaient de la musique toute la journée. Pas mal comme emplacement quand on s'intéresse au jazz. Il était au cœur du quartier des comédies musicales de Broadway, à quelques pas du Royal Roost, où on entendait fréquemment le même Charlie Parker ; on pousse un peu plus haut, et on se trouvait sur Swing Street, 52e Rue, qui proposait à l'amateur ce qu'il peut imaginer dans ses rêves les plus fous. Pas loin non plus se trouvait la Manhattan School of Music, où le bebop recrutait des adeptes de plus en plus nombreux. Ce sont surtout eux qui remplissaient le magasin, et qui tenaient son patron, plutôt traditionnel dans ses goûts mais ouvert à tout, au courant des dernières nouveautés musicales. Pourquoi tu ne produirais pas des disques de jazz ? lui disaient-ils. Il y a un gars qui joue terrible, on est sûr que tu l'aimerais, c'est Tony Fruscella. Weinstock va l'écouter et se dit, pourquoi pas ? Il commence à discuter avec Fruscella, mais le trompettiste n'a pas l'air trop sûr de son coup, et parle sans arrêt d'un altiste monstrueux qu'il voudrait lui présenter : Lee Konitz. Weinstock approche donc Konitz, qui lui aussi se dérobe, et propose de refiler l'affaire à un copain à lui, Lennie Tristano. Courage, on y arrive ! Tristano, il connaissait, Weinstock. Des disques existaient déjà, et des bons. Va donc pour Tristano. Ils se mettent d'accord et, le 11 janvier 1949, sort le premier disque de ce nouveau label, New

Jazz, avec le Lennie Tristano Quintet (*featuring* Lee Konitz, mais pas Fruscella).

À la fin de l'année 49, New Jazz est un label qui tourne. Il a déjà enregistré Fats Navarro, Wardell Gray, Kai Winding, Terry Gibbs, Stan Getz, J.J. Johnson, Sonny Stitt, etc., compte parmi ses batteurs maison Max Roach ou Roy Haynes, et a mis sur pied treize séances dans l'année. Il est sur le point de signer un accord de distribution avec le label du fils de Duke Ellington, Mercer Records, et se voit courtisé par le propriétaire du Birdland pour faire la promotion de son nouveau club. Poussé par son succès, Bob Weinstock enregistre alors des artistes d'une plus grande valeur marchande, comme Bud Powell. Seulement, il est obligé de vendre ces disques plus cher, puisqu'ils lui coûtent plus en production. D'où la nécessité de fonder un label un peu plus distingué qui expliquerait cette différence de prix : les disques Prestige.

Le principe d'avoir au moins à ses débuts deux labels, New Jazz et Prestige, a ses avantages et ses inconvénients. C'est une structure plus lourde à administrer, mais cela offre également la possibilité de « tester » des artistes avant de les lancer sur un support plus luxueux : ce fut le cas pour Max Roach, J.J. Johnson, John Lewis, ou le tout jeune Sonny Rollins, qui débutèrent chez New Jazz pour se retrouver chez Prestige.

Ainsi New Jazz sera progressivement étouffé par son frère cadet, qui récupérera bien entendu l'intégralité de son catalogue.

La politique de Weinstock, c'est d'enregistrer. Ça tombe bien, car c'est justement ce que veulent les musiciens. Ils espèrent qu'à ce titre il y aura plein d'argent au bout, mais ça, c'est une autre histoire. Toujours est-il qu'avec la révolution bebop, un incroyable regain d'énergie et d'invention semble déferler sur le monde du jazz. Dans les années 50, un grand nombre d'écoles verront le jour : le « cool jazz », le « hard bop », le « third stream », le « west-coast », sans parler des fortes individualités irréductibles à un courant : Rollins, Mingus, pour ne citer qu'eux. Il faut donc bien les enregistrer, tous ces musiciens, et c'est chez Prestige qu'un bon nombre va atterrir. Le génie de Bob Weinstock aura donc été de prendre sous contrat une quantité d'artistes d'horizons très différents, d'abord des Blancs, puis ensuite des Noirs, encore trop jeunes pour être considérés comme dignes d'intérêt par une Major. C'est un choix très radical, car il s'agit d'une musique nouvelle, et donc une décision commerciale risquée. Pour Monk, c'est un changement important, car il quitte une maison où il est tout proprement adulé — et ne dispute encore la vedette qu'avec des musiciens d'une génération précédente, comme Sydney Bechet — pour se fondre dans une compagnie où il n'a plus l'exclusivité de la modernité.

Car il y a déjà chez Prestige (pour un seul disque, il est vrai) le redoutable Lennie Tristano, pianiste novateur, exigeant, parfois abscons. Professeur, maître à penser, tyrannique. Il est difficile d'imaginer qu'il n'ait pas eu, du moins aux débuts de l'aventure New Jazz, quelque influence sur les choix artistiques de Weinstock. Il a des idées très arrêtées sur tout, Tristano. Il a des élèves, on devrait dire des disciples, souvent dévoués corps et âme. Il a même un frère psychanalyste chez qui il envoie ses étudiants les plus mal en point. Il parle souvent de Charlie Parker ou de Bud Powell, pour qui il professe la plus grande admiration, mais ignore furieusement Monk, trop éloigné de ses propres considérations techniques et mélodiques. Et puis il y a Miles, qui a quitté Capitol pour grossir les rangs des artistes Prestige. On sent que celui-là, du haut de ses vingt-cinq ans, il a quelques bonnes surprises en réserve ; en plus il plaît aux femmes, pas de doute, ce sera une star, surtout avec le caractère qu'il a. Il y a aussi Bud, qui a enregistré en janvier 50 avec Sonny Stitt. Bud, c'est le protégé de Monk, son génie à lui. Il est déjà considéré comme le pianiste le plus important du bebop, c'est un type avec qui il est difficile de partager l'affiche. Chez les soufflants, il y a l'énergique

Gene Ammons, l'impressionnant Stan Getz, le très sérieux Lee Konitz, le velouté J. J. Johnson, le méconnu Wardell Gray, le tout jeune Rollins, ou encore son vieux complice Dizzy Gillespie. Quand il débarque chez Prestige, Monk est donc en nombreuse compagnie : des copains, des connaissances. Certains d'entre eux se vendent bien, et Thelonious peut donc espérer parvenir à une reconnaissance rapide et fructueuse. Nellie pourrait arrêter de travailler, s'occuper des enfants, vivre un peu mieux.

Monk enregistrera donc pour Prestige sept séances, dont deux comme accompagnateur (pour Miles et Rollins), sur une durée de deux ans. C'est beaucoup, puisqu'il y a matière en cinq séances à presque quatre disques de lui (en 33 tours). Un tous les six mois : pas mal ! Thelonious amène du répertoire tout neuf, complètement stupéfiant. Quinze nouvelles compositions, toutes formidables. Allez, tant pis, je les énumère, elles sont trop belles : *Little rootie Tootie, Bye-ya, Monk's dream, Trinkle tinkle, Bemsha swing, Reflections, Let's call this, Think of one, Friday the 13th, We see, Hackensack, Locomotive, Work, Nutty, Blue Monk.* Du trio, du quintet, du quartet (sous le nom de Rollins) ! Que du bon, que du neuf ! Et ça ne fait que quatre mois qu'il a quitté Blue Note ! C'est pas possible, il en avait mis de côté ! Et il faut voir aussi les standards qu'il choisit : *Sweet and lovely, These foolish things,* et enfin *Just a gigolo*, en solo, premier d'une longue série qui durera jusqu'à son dernier concert donné en 76 ; cette chanson l'accompagnera tout au long de sa carrière, elle est son fétiche, sa mascotte, et c'est à cette occasion qu'il l'enregistre pour la première fois.

Sans parler de *Smoke gets in your eyes*, une des plus belles mélodies que l'on puisse imaginer, œuvre du génial compositeur Jerome Kern (à qui l'on doit une autre de mes favorites, *Yesterdays*), arrangée en quintet de la façon la plus déroutante et en même temps la plus traditionnelle qu'on puisse imaginer. Un truc à rendre fou un professeur d'arrangement, qui ne peut pas sonner sur le papier et qui pourtant a une saveur absolument authentique, comme si c'était Monk qui l'avait écrite... Ça, on peut dire qu'il a le chic pour choisir les standards, Thelonious. Il a toujours quelque chose à dire, sur ces chansons-là. Et je mettrais ma main à couper qu'il en connaissait aussi les paroles. Max Roach se souvient qu'il en mettait même sur ses propres compositions ; hélas, les seules dont il ait gardé quelque souvenir étaient celles de *Monk's mood*, qui commençait par : « why do you evade facts ? » (« pourquoi refuses-tu la réalité », bonne question...).

En ce qui concerne les compositions originales, il y en a quelques-unes qu'il réenregistrera par la suite avec plaisir : *Little rootie Tootie*,

Trinkle tinkle, Bemsha swing, Hackensack, Nutty... Dans cette période, il y a même son tube, sa composition préférée, de son propre aveu : *Blue Monk.* (C'est drôle de voir que les compositeurs préfèrent souvent leurs inventions les plus simples. Le morceau préféré de Herbie Hancock est *Maiden voyage*, qui repose sur une idée elle aussi élémentaire. Peut-être cela tient-il au fait que les idées simples permettent des variations infinies...) Art Blakey aux baguettes, dans la plupart des cas. Le frère, l'indispensable. Sinon, ce sont Max Roach, Art Taylor, Kenny Clarke ou Willie Jones, qui ne sont pas manchots non plus. À la basse, Gary Mapp, Percy Heath, Curley Russel ou Tommy Potter. Les parfaits compléments. Pas d'erreur côté section rythmique. Quant aux souffleurs, Rollins le superbe, ou encore Frank Foster, qui prouve une maîtrise totale des sous-entendus et des difficultés de la musique de Thelonious... Et puis Miles, pour une célèbre séance de Noël 54... Voilà des productions tout à fait intelligentes... Bravo, Mr. Weinstock, même si ce n'est pas forcément vous qui avez choisi les musiciens... Rien que de léguer cette musique à la postérité, ça vaut déjà une statue...

Car on peut entendre chez Prestige, au cours de ces deux petites années, le Monk le plus indépendant, le plus agile, le plus ébouriffant, le plus compact sans doute de toute sa discographie. La fusion avec Blakey est totale. Les compositions sont modernes, swinguantes, définitives. Tout le monde a envie de les jouer. Les solos sont toujours inspirés et tranchants comme des rasoirs. On est encore dans les trois minutes, et c'est rare de trouver, dans une vie, trois minutes à la fois aussi remplies et aussi détendues que celles-ci. Le premier accord de *Little rootie Tootie*, répété neuf fois de suite comme un virulent manifeste, vaut à lui seul le prix du disque (ce morceau fut composé pour son fils qui sifflait à tue-tête avant même d'apprendre à parler : surnommé Tootie à cause d'un dessin animé de l'époque *Little Toot The Talkboat*, son père ne fit donc que reproduire, à sa façon, le joyeux sifflement du petit bateau) ! Il faut ajouter que le son n'y est pas pour rien. En effet, ces enregistrements Prestige partagent avec quatre disques, réalisés plus tard (*« Plays Duke Ellington »*, *« Nica's Tempo »*, *« The Unique »* et *« Sonny Rollins, vol. 2 »*), le privilège d'être associés à l'un des plus grands ingénieurs du son que le jazz ait jamais connu : Rudy Van Gelder.

On parlait des producteurs, mais il ne faut pas non plus oublier les ingénieurs du son. Le son, c'est tout. Même si dans le cas de Monk on se trouve devant une musique qui par sa puissance de persuasion transcende les conditions techniques d'enregistrement, il faut bien dire que rarement on entendra son jeu aussi superbement capté. Et ça, c'est le travail de Rudy les mains de fée. Il a commencé dans son salon, Rudy, avec pour tout équipement professionnel un superbe Steinway (d'après Hank Jones, qui en connaît un bout, le meilleur piano qu'il ait joué de sa vie), des micros et une console. Chez lui, à Hackensack — d'où la composition de Monk. Plus tard, il s'installera à Englewood, toujours dans le New Jersey, et il y est encore à l'heure où j'écris ces lignes. Il a vu le monde entier défiler dans son studio. Grognon, tyrannique (interdit de manger, de fumer, de boire quand on enregistre chez lui), méticuleux au point d'officier en gants blancs, passionné, fin connaisseur, il façonnera le jazz pendant plus de trente ans à son goût remarquable. Avec les années 80, le « son jazz » prendra une couleur plus aérienne, plus ouatée, plus propre, comme sur les disques du fameux Manfred Eicher et son label ECM. Mais dans les années 50, c'est Van Gelder qui établit les standards d'une excellence que la multitude de ses enregistrements ne trahira point. Blue Note (après le passage de Monk hélas), c'est lui. Prestige, c'est lui. Savoy, c'est lui. Ce son rond et présent du piano, cette définition de la batterie, cette assise de la basse, cette chaleur des cuivres, cette intelligence du rapport entre les instruments, où chacun occupe la place qui lui convient, c'est lui, c'est lui ! Monk *meets* Van Gelder ! Hourra !

Parce que quand le son est bon, le musicien se sent pousser des ailes. Tout ce qu'on joue sonne bien, les idées s'enchaînent avec fluidité, on est comme dopé. Chaque note trouve sans peine sa place exacte, laissant ses environs accessibles au reste de la musique. On respire, on a de l'espace. Un son pas bon, c'est dix personnes dans un deux-pièces avec la télé allumée. Un bon son, c'est le deux cents mètres carrés avec vue sur l'Arc de Triomphe.

Et même Monk, ça devait lui faire quelque chose. Lui, le maître du son. Il fait déjà sonner des casseroles dans des placards, alors vous pensez, quand c'est Rudy aux manettes... Pour preuve de cette importance du son, prenez donc les albums Blue Note de Thelonious. En réédition contemporaine, cela se trouve sur trois disques compacts : « *The Genius Of Modern Music* », volumes 1 et 2, et un dernier sous le nom de Milt Jackson. Les deux premiers offrent de Monk une vision bousculée, imprévue et remarquable. On en a déjà parlé. Mais ils ne rendent pas compte avec acuité de l'incroyable maîtrise de l'espace qu'il déploie : la batterie est floue et bruyante, la basse étouffée. Les cuivres sont très bien, mais quand même, c'est un disque de pianiste, non ? En revanche, lorsqu'on écoute le quartet avec Milt Jackson (réalisé par un autre ingénieur du son, d'ailleurs), là, on entend *tout.* Cela tient sans doute au fait que la captation du son de vibraphone est particulièrement délicate : c'est un instrument dont les cycles d'amplitude sont très profonds et qu'on est forcé d'enregistrer à bas niveau, faute de quoi le son sature très vite. Ainsi, même lorsqu'il est en position de soliste, le vibraphone passe en quelque sorte derrière le piano, qui peut alors être enregistré au plus près. Et là, Thelonious peut se permettre de jouer très peu. Il peut laisser mourir les notes, sans qu'une cymbale ne vienne les achever prématurément. Il peut cultiver le silence, sans que cela signifie une absence : il a sa place, audible, même quand il ne joue pas. Son accompagnement sur *Misterioso* est fameux : économe, imprévu, parfait. Et cet accompagnement est rendu *possible* par le son. Il le génère, l'honore, le justifie.

Aussi, lorsque Monk signe chez Prestige, il aura la certitude d'avoir l'excellence à son service, ce qui ne peut qu'embellir sa musique. Un certain réconfort dans un contexte plutôt morose : plus le droit de se produire à New York (lui, le New-Yorkais par excellence !), donc pas de cachets de concerts, peu de disques vendus, donc encore moins d'argent, un bébé sur les bras et un autre en route, donc des dépenses, sa mère Barbara à laquelle il est très attaché qui va mourir en 53, l'apparition de ses premiers troubles du comportement... Le début des années 50 s'annonce plutôt mal... Et puis, il y a le rapport avec Bob Weinstock, qui n'est pas au beau fixe. Ce dernier en effet semble lui préférer le jeune Miles Davis, il y a le Modern Jazz Quartet, aussi, qui apparaît fin 54, et charrie des espoirs mirobolants pour un producteur avisé. Monk n'est pas une priorité, loin de là, et ça, c'est plutôt vexant... Et surtout Weinstock est suspecté par Thelonious de ne pas lui donner tout l'argent auquel il a droit... Il faut savoir que le système américain est un peu retors, et profite plus (est-ce une surprise) aux employeurs qu'aux employés. Quand on signait pour un label, on était en quelque sorte « acheté » par celui-ci. Une somme forfaitaire était convenue entre l'artiste et le producteur à la signature du contrat, qui tenait lieu d'avance sur royalties. La maison de disques se remboursait sur la vente, et complétait ses versements lorsque les royalties dépassaient la somme initiale.

Sauf que dans la plupart des cas les musiciens ne voyaient pas la couleur de ce complément. À moins que leur musique ne domine le Top 50, et qu'ils représentent à eux seuls une véritable puissance financière, les livres de comptes leur restaient fermés. Et lorsqu'on est noir, interdit de performance pour délit de toxicomanie, et en plus sans un rond, allez faire un procès à un

Blanc qui fait tourner l'économie américaine ! C'est au vu de ces injustices flagrantes qu'un peu plus tard dans les années 50 on vit apparaître des musiciens tels que Gigi Gryce, Charlie Mingus ou Ahmad Jamal pour ne citer qu'eux, qui décidèrent de prendre leur destin en main et de devenir leurs propres producteurs et éditeurs de musique. Très mal vu. Carrément communiste, comme démarche : non mais sans blague, on croit rêver ! Des Noirs qui font du business ! C'était à l'époque un combat capital, mais perdu d'avance, car il fallait déployer une énergie, un temps et un argent considérables pour retourner une situation de toute évidence à son désavantage. On subissait toutes sortes de pressions et on sortait très rapidement du contexte initial de la revendication, qui consistait tout simplement à se faire payer ce qu'on vous devait... Sans avoir le temps d'y penser, on se retrouvait en train de défendre la cause noire, de faire de la politique, et les ennuis ne faisaient que commencer... Et Thelonious, ce n'est pas sa tasse de thé... Des ennuis, il en a assez comme ça... Alors il fait ce qu'il a toujours fait : il ferme sa gueule et change de crèmerie.

6

Piano solo

C'est à cette époque de la vie de Monk que va se produire un intermède très court, une semaine, mais dont on ne saisira comme toujours l'importance prophétique que bien plus tard. Il s'agit d'un passage à Paris. C'est tout d'abord son premier voyage à l'étranger, mais ce sera surtout pour lui l'occasion d'enregistrer, à son insu, son premier disque solo. Première pierre d'un des plus beaux édifices que le jazz ait connu. Voilà qui mérite qu'on s'y attarde un peu.

Durant l'hiver 53-54, Henri Renaud, pianiste et compositeur confirmé de la première génération des boppers français, se rend à New York pour y effectuer des enregistrements et rencontre Monk. Choc. Venu pour se frotter aux jeunes turcs new-yorkais, le voilà qui tombe sur le grand Mamamouchi en personne. Pas farouche, Monk lui ouvre les portes de sa maison, et ils se lient bientôt d'amitié. Un soir peut-être plus philosophique que d'autres, raconte Henri, voici nos deux pianistes sur les berges de Manhattan, assis face à l'East River qui se perd quelques milles plus loin dans l'Atlantique. Je me demande, fait Thelonious pensif, ce qu'il peut y avoir de l'autre côté de l'océan... La fréquentation de Monk ayant appris à Renaud qu'il ne posait jamais de questions pour rien, ce dernier lui fit savoir qu'il y avait peut-être un moyen de lui faire voir au moins la France.

Un rapide coup de fil à Charles Delaunay qui finissait à Paris de mettre au point le Salon du Jazz de 1954 mit les choses au clair : on n'a plus d'argent pour le faire venir, mais on aurait tort de s'en priver ; amène-le, on se débrouillera pour le faire jouer. Monk débarque donc à Paris en juin pour voir ce qui s'y passait. En échange, Paris pourrait voir ce qui se passait dans sa tête à lui et, à mon avis, l'échange était tout ce qu'il y a de plus correct.

Il faut savoir que cette année-là, la vedette américaine, ce n'était pas Thelonious, dont personne en France n'avait rien à cirer, à part deux ou trois individus bien renseignés, mais Gerry Mulligan et son quartet, ironiquement, sans piano. Pour le play-boy au baryton, Paris était prêt à faire des folies. Ironie : Monk et Mulligan deviendront peu après bons amis, ils feront même un disque ensemble (« *Mulligan meets*

Monk », Riverside, 1957), et le saxophoniste se souvient encore aujourd'hui de l'immense admiration qu'il portait, déjà à cette époque, au génial compositeur de *Round midnight*... Ce voyage à Paris fut sans doute une dure leçon pour Thelonious qui savait déjà que nul n'est prophète en son pays, et qui constatait qu'il l'était encore moins à l'étranger... Venu seul, il devra se faire accompagner sur place par un batteur et un bassiste qui, malgré tous leurs efforts, ne pouvaient restituer le souffle et le style d'un Blakey ou d'un Curley Russel, si complémentaires de celui de Monk. Et il récolta à Paris bien plus de huées que d'ovations. Sa seule consolation fut sans doute de rencontrer à cette occasion une dame étrange et passionnée, qui disait avoir volé de Londres pour l'entendre, et qui prétendait s'appeler la baronne Pannonica de Koenigswarter...

Mais quel voyage ! Qui sait ? C'était peut-être la première fois qu'il se faisait siffler comme ça de sa vie... Il n'était pas comme Miles le dandy, qui tombait toutes les poules, ou Bird le génie qui laissait derrière lui une traînée de bouches béantes et de regards humides. Non, Monk trouvait à Paris, comme en écho de son désaveu du public new-yorkais, une méfiante incrédulité qui semblait dire : pas de ça chez nous. Coltrane, on lui a fait ça, aussi. On a vraiment eu de la chance qu'ils reviennent nous voir, ces deux-là. Le jour de la gloire venue, j'aurais compris qu'ils disent à leur tourneur, si ça t'ennuie pas, vieux, je préférerais ne pas jouer à Paris, c'est tous des crétins là-bas. Mais non. C'est la qualité des gens butés : ils ne sont pas rancuniers. Ou en tout cas ils ont dépassé la rancune, ils n'en sont plus là. Ils se nourrissent des lazzis. Je n'oublierai jamais cette phrase attribuée à Coltrane, juste après le concert ébouriffant donné par son nouveau groupe à l'Olympia :

— ... ils me sifflent parce que je ne suis pas assez moderne...

Toujours est-il qu'il y avait heureusement quelques malins à Paris, et ils prirent soin d'enregistrer pour la radio, sur un piano fort médiocre (ce qui n'en rend la musique de Monk que plus admirable), un peu plus d'une demi-heure de ce qui à mon avis est une des plus belles contributions à la musique du XXe siècle. Solo, face aux embruns, Thelonious joue huit compositions et un standard qu'il vient d'enregistrer pour Prestige, *Smoke gets in your eyes,* avec une détermination, une sûreté, un aplomb confondants. C'est pour ça que j'aime tant l'entendre en piano solo : car c'est sous cette forme élémentaire, dépouillée de ce qui l'encombre, qu'on peut presque entre intimes savourer son génie.

Une de mes pièces préférées, c'est *Evidence.* Voici son histoire. *Just you, just me* est une chanson qu'il se plaisait souvent à jouer, et qu'il enregistrera quelques années plus tard pour Riverside, rehaussée d'un arrangement mémorable. Comme base de départ à cette composition, Monk s'amuse donc à superposer sur les accords de base du morceau un accompagnement singulier, lunaire, qui renverse l'ordre établi : c'est cet accompagnement aux accents si personnels qui constituera la mélodie. Voici déjà la marque d'un compositeur exceptionnel : il inverse les hiérarchies traditionnelles, et élève l'harmonie et le rythme à un rôle mélodique prépondérant. Simple et génial, du Thelonious tout craché.

La première version que l'on connaisse d'*Evidence* figure dans cet autre monument du jazz moderne qu'est l'album Blue Note avec Milt Jackson enregistré en 48. Huit mesures d'introduction absconses, puis un thème-accompagnement épuré et tranchant, adouci par l'aisance désinvolte d'un solo du vibraphoniste plus agile que jamais, constituent la première mouture de ce thème encore jeune. Puis un silence discographique, pour cette composition, de six ans, presque jour pour jour.

Lorsqu'il refait surface à l'occasion de notre enregistrement parisien, le thème s'est entretemps fixé dans sa forme quasi définitive. Monk a repris les traits les plus marquants de son brouillon de 48 pour en faire une œuvre achevée. Rappelons que cette *Evidence* est une double paraphrase : mélodique, puisqu'elle substitue des accords au thème bien connu de *Just you, just me*, et rythmique dans le sens où ses accents sont soigneusement déplacés par rapport à un accompagnement standard. Isolez la partie de piano de celle de basse et de batterie, et vous serez devant quelque chose d'absolument incompréhensible, et rythmiquement et mélodiquement. Même le titre, par son humour de collégien, témoigne de cet hermétisme : s'il n'y a que toi et moi, il n'y a que nous (*just you, just me* = *just us*). Or en anglais *Just us*, par homophonie, peut s'entendre comme *Justice* ; et bien sûr s'il y a Justice, il y a *Evidence* (le mot pour Preuve). On constate que ce calembour, par les glissements progressifs d'un sens vers un autre, épouse parfaitement la forme de la pensée musicale de Monk quand il conçoit ce morceau : deuxième, puis troisième, puis quatrième degré.

Monk s'attelle donc dans ce studio parisien à jouer quelque chose qui ne peut pas se comprendre tel quel. Et comme il s'agit d'une savante superposition sur une trame de base, celle-ci doit être logiquement tendue par le reste de la section rythmique pour que le morceau prenne tout son sens. Voilà donc l'occasion pour Thelonious de montrer clairement *comment* il fait pour être sa propre section rythmique : il ne fait pas du stride, mais il pousse devant lui trois, voire quatre voix simultanées qui chacune exprime à tour de rôle une fraction de cet ensemble. C'est comme jouer aux échecs en trois dimensions ! Ou de rassembler un troupeau de puces ! Ça saute dans tous les sens ! Il faut être très en forme ! Maîtrise absolue ! Tempo, harmonie, mélodie, tout ensemble ! Dans un registre différent quoique comparable, on retrouve ce procédé dans les fameuses *Variations Goldberg* de Bach, où quatre voix sont développées simultanément par deux mains seulement. C'est infernal à jouer. Il faut que chaque doigt de la main suive tout seul sa petite idée, sans faire attention aux autres... et passer le relais quand il faut... Sauf qu'au temps de Bach il n'y avait pas la batterie... et là, on l'entend, on la devine... Comme un perchiste qui repousserait en un seul saut le record mondial de hauteur d'au moins un mètre, Monk établit en une demi-heure, à six mille kilomètres de chez lui, pour une émission de radio dont il ne sait même pas qu'il en sortira un disque, un nouveau standard du piano solo...

Il y invente une densité rythmique entièrement nouvelle. Personne ne faisait du piano solo comme cela avant. C'est tout neuf. C'est un disque parfait pour un batteur qui voudrait s'entraîner à jouer un rythme simple d'accompagnement : il se passe toujours des choses, mais le tempo ne bouge pas d'un millimètre. On a comme l'impression d'entendre un grand désordre, mais parfaitement ordonné : Thelonious, ou l'Art de la Chute. On croit qu'il tombe, mais toujours il se rattrape, créant ainsi un trajet d'une forme géométrique inclassable. Il est totalement imprévisible. Comme il n'a pas froid aux yeux, il frôle la catastrophe à chaque instant. Prend des risques totalement interdits par les standards de l'époque. Il est un habitué du flamboyant désastre : il se fait écorcher ses morceaux tous les soirs, combien de gens à New York sont capables de jouer sa musique correctement ? Mais il s'en fout, c'est d'avancer qui compte. Et quand il est seul au piano, sans personne pour lui mettre de bâtons dans les roues, Monk est chez lui, en toute confiance. Pousse sa musique devant lui, bourru, candide, profond. Invente son monde à lui.

Puisque le sujet est effleuré, autant le désamorcer tout de suite : Monk avait-il « de la technique » ? Notons au passage que le simple énoncé de la question illustre un fait affligeant mais pourtant incontestable : la musicologie est de toutes les sciences d'analyse artistique de loin la plus réactionnaire et obtuse. Questionne-t-on la « technique » du Douanier Rousseau ? De Paul Klee ? De Pollock ? De Martha Graham ?

De Céline ? De Thomas Bernhard ? Ce que l'on admet spontanément dans tous les autres arts comme l'expression d'une voix originale qui met à son service des moyens techniques nouveaux et appropriés est proprement soumis à la question dans le monde de la musique. Il faut faire ses preuves. Se rattacher à une école. Éblouir par la maîtrise de son instrument. Citer, reprendre, prolonger. L'effet Franz Liszt. La querelle des Anciens et des Modernes, épuisée en littérature comme dans tous les autres arts depuis bien des lustres, est encore fortement ancrée dans les esprits musicaux. Ce n'est que très récemment qu'on trouve en Sorbonne des cours *obligatoires* de jazz pour obtenir son titre de musicologue. Mais un département de littérature a-t-il jamais osé délivrer un diplôme qui ne tiendrait pas compte d'Artaud ou de Joyce ? Nos collègues américains ont mis moins de temps que nous, et c'est normal puisqu'ils en étaient les premiers acteurs, à hisser cette musique de son statut de folklore à celui d'art universel. Mais il est irritant de constater qu'à l'intérieur du monde du jazz la querelle se déplace et s'intériorise de façon similaire ; Monk en a fait trop longtemps les frais. Il avait trente ans quand il enregistra son premier disque. Trente ans. En jazz, c'est comme en sport. À trente ans, en principe, c'est fini, on arrête de se renouveler, on gère son fonds de commerce, on ouvre un magasin. Pas Monk. Pour lui, c'était le début de sa carrière. Ses conceptions musicales étaient pourtant déjà clairement arrêtées, mais elles se heurtèrent à un jugement généralement admis par une instinctive majorité de « connaisseurs » : il ne sait pas jouer du piano.

Les boppers ont rencontré à leurs débuts une vive résistance à leur musique, qui était en rupture très nette avec la tradition. Mais jamais on ne leur a reproché de ne pas savoir jouer de leur instrument. Eux-mêmes se réclamaient de leurs idoles parmi l'ancienne génération : Lester Young pour Bird, ou Roy Eldridge pour Dizzy. Mais Monk ne s'est jamais réclamé de personne. Et quand on le pousse dans ses retranchements sur la question de ses influences, notamment celle de Duke Ellington, il met un point d'honneur à éluder la question, ou à répondre en toute sincérité que sa seule inspiration, c'est lui. Et on peut dire que du piano, il sait en jouer. Beaucoup de ses traits caractéristiques sont de véritables casse-tête techniques. Il a dû y mettre des journées entières, avant d'en passer un seul. Précision rythmique, valeurs d'accentuation, indépendance des mains, contrôle des durées, tout est maîtrisé avec une royale autorité, et atteste d'innombrables heures de travail. Ça ne vient pas tout seul, ce genre de technique, ça se bosse. Monk pouvait jouer chez lui le même morceau pendant des heures, peaufinant, farfouillant, pressant le jus sans relâche. Ce qui fait que quand il montait sur scène, il était aussi prêt qu'on peut l'être. Comme le dit le pianiste Barry Harris : À la maison, les autres musiciens pratiquaient leur instrument, mais Monk, lui, pratiquait la musique. Et pas n'importe laquelle : *sa* musique. Le piano, d'accord, mais totalement asservi à *son* idée du jazz. Il n'est pas étonnant, dans ces conditions, qu'il ait trouvé à ses débuts aussi peu d'oreilles pour l'entendre : sans le rassurant univers des références, il est difficile de juger quoi que ce soit.

Et pourtant, sa musique ne présente aucune révolution *formelle.* En effet, en examinant l'ensemble de son œuvre, j'ai été fort surpris de constater chez Thelonious, contrairement à ce que je pensais à l'origine, un étonnant mépris pour la forme. Qu'est-ce que j'entends par forme ? Eh bien, tout simplement la structure qui organise une pièce de musique de la première à la dernière note. C'est une question très ancienne dans tous les arts, mais tout particulièrement en musique, où le principe de répétition est quasiment inévitable. Un des soucis primordiaux du compositeur portera donc sur l'organisation de cette répétition, ainsi que des variations qui s'y rapportent. On a vu que le « format » des petits ensembles bebop repose sur une règle assez simple : énoncé une ou deux fois du thème (qui comporte le plus souvent un pont, genre AABA), improvisation *ad lib* sur la grille, puis dernier exposé. Une fois cette norme posée, on n'eut pas longtemps à attendre pour la voir bousculée, élargie ou raffinée par les artistes de quelques années plus jeunes que les inventeurs du bop. Miles, dès ses années Prestige, affichera un goût prononcé pour des mises en formes subtiles et originales qui redonneront une nouvelle jeunesse aux mélodies qu'il enregistre. John Lewis, avec le Modern Jazz Quartet, ira quant à lui chercher dans les structures de la musique classique un approfondissement du principe de l'improvisation. La liste est infinie, et aboutit à l'explosion de la forme chez les pionniers du free jazz : Ornette Coleman, Cecil Taylor...

Mais pour Monk le problème ne se pose pas. La forme semble être une nécessité de principe, puisque toute musique doit en avoir une, mais ne mérite pas d'attention particulière. Le cas d'*Evidence* est un parfait exemple : il impose une savante et originale conception *à l'intérieur* d'une forme donnée, sans remettre en cause le principe de celle-ci. Aussi, il emploiera dans ses compositions des structures parfaitement classiques, de douze, seize, vingt-quatre ou trente-deux mesures ; mais il décidera soudain que, dans *Crepuscule with Nellie*, personne ne prendra *jamais* de solo. Ou il écrira pour *Coming on the Hudson* une mélodie de cinq mesures, avec un pont de trois et demi. Ceci dit, quand on compare cette composition à *Four in one*, par exemple, allez reconnaître derrière cette dernière une grille tout à fait banale, qui servit de trame à vingt autres mélodies ! Dans les deux cas on a du pur Monk, le reste est accessoire ! Même dans un blues tout bête comme *Straight, no chaser*, on ne sait plus où on en est !

J'ai toujours aimé la façon dont Thelonious dénommait le « pont » d'une chanson. Les Américains ont une douzaine d'appellations pour ce passage quasi imposé de toutes les mélodies : *the bridge, the channel, the tunnel...* Monk dit : *the inside*. Le dedans. Peu importe la liaison, le réseau ; ce qui compte, c'est le cœur de la musique, s'en rapprocher le plus possible. Thelonious utilisera ainsi les formes utilisées à son époque comme des sortes de coques vides qu'il habitera de son génie. Et si telle mélodie requiert cinq mesures d'exposé, eh bien tant pis on improvisera sur cinq mesures. Il s'est toujours bricolé des morceaux où il se sent à l'aise, Thelonious, et si les angles admis sont soudain trop étroits, il les repousse.

De même pour le déroulement des solos : chacun joue sur la grille, et passe au suivant quand il a fini. On est bien loin des longues suites de Bud, comme *The glass enclosure*, qui enchaînent unissons, ostinatos et improvisations dans un souci formel évident. Chez Monk, cela se passe à quelques rares exceptions près beaucoup plus simplement. Mélodie, solos, mélodie. Sa musique n'en souffre pas, et sa modernité se situe à un niveau complètement différent. Il ne se rattache pas à l'histoire immédiate du jazz, il ne cherche pas à repousser toujours plus loin, comme le font ses contemporains, les limites admises de la forme... car ce qui l'intéresse, c'est le fond...

Cela dit, la modernité des compositions de Monk n'était pas à proprement parler unique, et on oublie que des couleurs similaires étaient utilisées avec autant d'audace par au moins deux de ses contemporains, dont il était l'ami : Elmo Hope et Herbie Nichols. Deux grands pianistes, aussi mal aimés du public, qui partageaient avec Bud Powell une grande admiration pour Monk. Elmo Hope est de six ans le cadet de Thelonious (et d'un an l'aîné de Bud), à une époque où quelques années suffisent à creuser, tellement l'Histoire en marche avance vite, un fossé de générations. Johnny Griffin raconte que lorsqu'il rencontra Monk à New York en 48, celui-ci était toujours accompagné de Bud et d'Elmo. Un trio d'allumés, qui sillonnait la ville de jour comme de nuit à la recherche d'un piano à jouer. Concours d'*Inventions* de Bach entre Elmo et Bud, puis concours d'exécution des compositions de Monk, sous l'œil bienveillant et sarcastique de celui-ci. Quant à Herbie Nichols, il avait également — est-ce un hasard — une solide formation classique, ce qui le conduira paradoxalement à jouer beaucoup plus de Dixieland que de bebop ou que sa propre musique. Et lorsqu'il enregistre sous son nom, chez Savoy (1952) ou chez Blue Note (1955-1956), c'est avec les accompagnateurs traditionnels de Monk : Shadow Wilson, Al McKibbon, Art Blakey ou Max Roach.

Elmo Hope et Herbie Nichols. Ces deux pianistes et compositeurs remarquables sont restés dans l'ombre de Monk. Pourtant, ils partagent avec lui le même sens mélodique, la même originalité. Pourquoi cet oubli ? Personnalité moins extravagante, moins géniale ? Une moins belle étoile ? Ou ne serait-ce pas plutôt une technique et une vélocité plus conventionnelles ? L'image sans le son ? Dans ses improvisations, Monk propose une accentuation et un phrasé complètement originaux, alors que c'est avec une technique traditionnelle que Nichols et Hope exécutent leurs propres travaux. Monk, lui, assortit sa technique à sa musique, et propose un tout inaliénable, d'une incroyable puissance esthétique. C'est d'ailleurs le même Herbie Nichols qui écrit, pour la revue *Music Dial* en 46, dans un article à l'éloge de Thelonious :

« Quand Monk prend un solo, il semble préférer certaines harmonies limitées qui le distinguent d'Art Tatum et de Teddy Wilson. Ce choix donne l'impression de l'emprisonner dans un étau, et il ne montre aucune possibilité de s'en extraire. » Quel aveu d'impuissance — et quelle définition inattendue de la schizophrénie !

La musique de Monk est inclassable, inassimilable. Non parce qu'elle est révolutionnaire, ce qui n'est pas une raison en soi, mais parce qu'elle est un pavé dans la mare qui, une fois jeté, coule à pic et disparaît. On le regarde sombrer, et on ne sait s'il faut suivre des yeux cette masse qui s'enfonce, ou contempler l'onde égale de ses remous. Rien dans le jeu de Monk pour un pianiste : aucun « plan » à piquer, qu'on pourra travailler dans les douze tons et recracher au moment opportun devant un parterre d'amateurs (et trices) qui pourront en apprécier toute la finesse. Rien. Et si on essaie, ça gêne, comme une pièce rapportée. Et pourquoi ça ne gênerait pas ? Il y a cinquante ans, ça gênait déjà, et il a fallu toute l'obstination, l'humour et la patience de Monk pour le faire accepter. Et la critique, et l'histoire, elles ne savent pas où le ranger, ça fait désordre. On ne peut pas digérer un caillou. Pas de filiations, de grande école, d'héritiers, de pères spirituels, de disciple, d'élèves, rien. Père et mère inconnus.

Sans descendance. Alors avant de se mettre à accepter que *ça* existe, il faut du temps...

On a bien tenté de le rattacher à Duke Ellington, à James P. Johnson, et Randy Weston se réclame de lui. Tout cela est vrai, mais, en définitive, la seule possibilité qu'il reste à un musicien pour se rattacher à lui, c'est de se mettre à réfléchir sur les mêmes termes. Exercice particulièrement délicat. Il ne s'agit plus d'être un bricolo de la musique, et de diminuer la quinte au lieu de l'augmenter : il faut se demander ce que c'est qu'un piano, une section rythmique, un solo, un accompagnement, une mélodie... Le bebop a charrié avec lui une somme considérable d'accords nouveaux, d'audaces harmoniques et de substitutions d'accords. Tout le monde à la même école. Les mêmes notes. Des doubles croches pour tout le monde, pas de chouchous. Comme si ce que jouait un pianiste était la même chose que ce que pouvait jouer un saxophoniste ou un trompettiste. Les phrasés de Bird et de Bud ont établi de nouveaux standards. Et tant pis pour ceux qui ont du mal avec leur instrument, peu adapté à ces nouvelles règles de vélocité, comme le trombone, par exemple. Au travail, mon garçon, tu ne ressortiras de ta chambre que quand tu sonneras comme J. J. Johnson.

Mais Monk, non content d'être l'instigateur de ces hautes recherches harmoniques, a également compris qu'il lui fallait trouver un *son*. Max Roach raconte qu'en utilisant cette technique si caractéristique qui consiste à frapper deux notes voisines d'un demi-ton pour en relâcher l'une des deux une fraction de seconde après, Monk avait pour but d'imiter la torsion qu'un cuivre peut infliger à la justesse d'une note (*pitch bend*). Démarche passionnante, car nécessairement infructueuse : le piano étant un instrument tempéré, il est impossible d'en altérer la justesse sur le clavier. Mais au bout de cette quête, tout comme un chercheur d'or qui trouverait du pétrole, Monk débusque des trésors sonores inouïs ! Il démontre très vite également que tel accord ou telle phrase joués dans un registre du piano n'auront pas du tout le même son une octave plus haut ou plus bas. Cela semble, ainsi écrit, d'une grande évidence, mais une telle approche suppose une connaissance complète et circonstanciée de la totalité de l'instrument, à une époque ou la dextérité au piano n'accordait qu'une importance relative à ces ressources éminemment musicales. Monk jouera toujours les combinaisons de notes *appropriées au registre spécifique de l'instrument*.

Ou alors il s'amusera à jouer un accord conflictuel dont il fera subitement disparaître, au bout de quelques secondes, les notes de tensions, faisant ainsi apparaître dans son plus simple appareil un accord lumineux. Peu après avoir rencontré Monk, Mulligan et lui joueront des journées entières à ce jeu. Le pianiste professera également la science de l'économie maximale dans le choix des notes constitutives d'un accord : pourquoi en jouer trois lorsque deux suffisent ? C'est en effet un autre supplice pour quiconque veut tenter de reproduire la musique de Monk : on croit toujours entendre plus de notes qu'il n'en joue réellement. Il faut sans arrêt se demander : est-ce qu'il la joue *vraiment*, celle-là, ou est-ce que je n'ai pas tout simplement *l'impression* de l'entendre ? Car cette sélection impitoyable à laquelle s'astreint Thelonious s'appuie sur une compréhension approfondie du système des harmoniques.

Pour ceux qui ne sont pas familiers de cette notion, on peut expliquer rapidement qu'une seule note frappée au piano en recèle en fait une infinité d'autres, pour ainsi dire cachées derrière. Ce qui, en physique, se comprend très bien : la note que l'on entend en premier plan, qui correspond à une certaine fréquence, est accompagnée du même coup, de façon moins audible, par toutes ses fréquences multiples entières, et donc par toutes les notes qui leur correspondent, séparées de la note principale par des intervalles d'octave, puis de quinte, puis de tierce, etc. ; ce sont ces harmoniques qui d'ailleurs servent de repère à l'accordeur de piano. Ce sont également ces notes, aiguës et cristallines, que l'on obtient en pinçant une corde sur une guitare sans appuyer à fond de l'autre main sur le manche. La langue anglaise est sur ce point limpide, puisqu'on traduit harmoniques par *overtones*, c'est-à-dire : les tons superposés. On peut même dire plus généralement que la finesse d'une oreille peut se mesurer à l'aptitude qu'elle aura à entendre simultanément toutes ces fréquences. La maîtrise de cette science est donc particulièrement délicate, surtout quand on l'applique non pas à une seule note, mais à un accord. Les fréquences propres à chaque note se verront ainsi combinées les unes aux autres, pour faire ressortir à chaque fois, en premier, puis en second, puis en troisième plan, et ainsi de suite, une forêt touffue d'harmoniques, chaque fois différentes selon l'accord joué. Et quand on étudie l'œuvre de Monk, on se demande s'il n'avait pas une oreille surhumaine, tant il joue avec maîtrise de cet art des *sous-entendus*.

Car c'est là un des plus beaux secrets de sa musique : comment faire entendre quelque chose sans le jouer. Le trompettiste Eddie Henderson raconte qu'un soir, à San Francisco, il vit Thelonious en sueur passer un set entier à enfoncer les touches du piano, très doucement, de telle sorte qu'aucun son ne sorte du piano. Aboutissement logique ! Absurde, mais indéniablement logique ! Et cette véritable philosophie du sous-entendu se vérifie dans tous les aspects de sa musique, comme de sa vie. C'est comme cela qu'il élève la discipline du piano solo à des hauteurs vertigineuses : il fait entendre une basse, une batterie, tout un orchestre alors qu'il est tout seul devant son instrument. Mais pas dans l'effervescence, comme le ferait un virtuose traditionnel, au contraire, dans l'économie la plus frugale. Il tourne le dos aux idées reçues et, par une magie incompréhensible, exprime *plus* avec *moins*... C'est pour cela qu'on croit percevoir, avec un sentiment fugace et toujours changeant, toute l'histoire du jazz dans une seule de ses interprétations. Voilà aussi pourquoi il passera sa vie à s'intéresser, avec un grand sérieux, à des détails qui semblent anodins au premier venu. À un stylo-feutre, à une rue, à un rayon de soleil, à un bouton. Ou à un calembour, comme avec *Evidence*, ou comme encore *Little rootie Tootie* et son introduction de dessin animé... Il tire du jus de n'importe quoi, Thelonious. Tous les gens qui l'ont connu ont été frappés par son attention à des détails triviaux, dont il extrayait parfois un commentaire d'une profondeur disproportionnée, comme une remarque d'enfant. J'ai un ami entomologiste qui me fait le même effet : dans un champ nu parsemé de caillasses, il retourne en quelques minutes toutes les pierres, et découvre un scorpion, trois larves de mouches, cinq coléoptères dont un assez rare, une jeune pondeuse échappée de la fourmilière, toute une foule d'insectes qui témoignent d'un univers caché, aussi complexe que le nôtre. Il est comme ça, Thelonious, il a le pouvoir de faire parler ce qui est en dessous, caché aux yeux blasés du commun des mortels... Le pouvoir de tout dire, avec juste quelques notes... quelques indications... on imagine la discipline que cela demande...

Tous ces efforts se précipitent en une vérité indiscutable : Monk a un *son* ; et ce son est tellement fort, tellement impérieux qu'il s'accommode de tous les styles musicaux, jazz classique ou moderne, blues, ragtime, bebop, Monk hors catégorie ! Pareil pour les instruments : il fait tout sonner, Steinway, Baldwin, casseroles, dès qu'il pose les doigts sur un clavier, aussi mauvais soit-il, il *sonne.* C'est étonnant comme sa musique transcende les pianos pourris (comme celui de son fameux enregistrement de 54 à Paris), les mauvais enregistrements (les premiers Blue Note, l'aube de la prise de son moderne) et les mauvaises chaînes stéréo (comme la mienne). Ce son est tellement fort qu'il coupe à travers la matière sonore ou le vinyle avec la dureté d'un diamant. Beaucoup de musiciens se sentent impuissants s'ils n'ont pas des conditions matérielles à leur convenance. Keith Jarrett renvoie un piano de concert avec le pointillisme que lui accorde son talent s'il n'est pas à son goût. Pas Monk. Ça n'a pas d'importance, sa musique est bien au-dessus de cela.

Il est d'ailleurs troublant de remarquer que les deux maisons de disques qui ont réellement *cru* en lui, et qui ont fourni un réel travail de production, Blue Note et Riverside, eurent des directeurs artistiques dont les goûts penchaient jusque-là vers un jazz beaucoup plus traditionnel. Paradoxe : alors que Monk fut longtemps ignoré à cause de l'extrême modernité de son jeu, c'est son classicisme que surent entendre ceux qui lui mirent le pied à l'étrier. C'est dire si sa musique est en dehors des modes, des courants, des écoles ! Si elle parle d'elle-même, dans une sorte d'autosuffisance exemplaire ! Sur tous les instruments, dans tous les contextes, sans limitations ! Il s'en fiche, du concret, du présent, du contingent ! Ou alors, il l'a circonscrit de façon tellement définitive que le problème est réglé une fois pour toutes !

C'est donc en France que Thelonious gravera ses premières plages solo. Il a déjà trente-six ans, et il faudra attendre encore trois ans pour que le producteur du label qu'il s'apprête à rejoindre décide de lui donner toute l'importance que mérite cette forme pianistique. Ce premier disque « officiel » en solo (« *Himself* », Riverside, 1957) sera suivi d'un grand nombre d'autres ; tous sans exception, jusqu'au dernier qu'il enregistrera à Londres en 71, réaliseront inlassablement le même miracle : tenir toute la musique entre ses deux mains.

7

Producteurs II

Voici venu le moment de rencontrer Orrin Keepnews. Monk et lui s'étaient entretenus en 48, lorsque le producteur n'était à l'époque qu'un journaliste débutant au *Record Changer* et que Monk sortait ses premiers enregistrements chez Blue Note. Ce n'était pas la première fois qu'on parlait de Thelonious, mais cette interview avait retenu l'attention de ce dernier par la perspicacité et l'intelligence de son contenu. Une sorte de carte cornée qui dormait dans la boîte aux lettres du pianiste depuis bientôt sept ans. Et puis, fin 54, le bruit se met à courir que Monk en a marre de Prestige et qu'il est mûr pour changer de maison. Keepnews, depuis longtemps un admirateur, se précipite sur l'occasion et prend contact avec Weinstock pour savoir si Monk est libre de droits. Je vous le laisse, répond ce dernier, à condition de rembourser l'ardoise qu'il a chez moi : cent huit dollars et vingt-sept cents (là, en revanche, la comptabilité est exacte). Racheté à vil prix, Thelonious. Pas très valorisant pour un type de trente-sept ans que tous ses collègues s'accordent à considérer comme un génie... Cent huit dollars... L'amère ironie de ce prix, ainsi que la joie à l'idée de faire une si bonne affaire — n'en doutons pas — pousseront même Keepnews à conserver, encadré dans son bureau, un photostat de ce fameux chèque signé à Prestige.

Pour Monk, c'est repartir de zéro, et ça commence à bien faire. Car la compagnie de Keepnews et Bill Grauer, Riverside, est encore une fois un petit label débutant qui ne compte à son actif que des rééditions de vieux classiques de Louis Armstrong, King Oliver, Ma Rainey ou Jelly Roll Morton. Donc, méfiance. Selon toutes les apparences, Keepnews est un type bien, informé, libéral et même progressiste dans sa compréhension des problèmes des musiciens de jazz. L'équivalent français d'un intellectuel de gauche, mais business quand même, on est en Amérique. Et puis il écrit, donne son avis publiquement, prend des positions plus ou moins confortables sur la vie du jazz, bref, il n'a pas l'air de l'escroc total. Mais quand même. Méfiance. De son propre aveu, Keepnews ne deviendra jamais un ami de Thelonious, quoique leurs rapports soient devenus de plus en plus cordiaux et confiants. Sans doute cela tient-il à leurs personnalités respectives. Sans doute également Thelonious avait-il été échaudé par son passage chez Prestige, et devenait particulièrement sensible à tout ce qui, chez un producteur, lui rappelait l'idée d'un profit qui se fait sur son dos. Sans doute aussi avait-il perçu chez Keepnews la fierté et l'espoir de devenir un producteur intelligent, qui pourrait se prévaloir de son influence sur la vie du musicien. Ce que Monk semble peu disposé à admettre.

Pourtant, c'est vrai. À mon sens, Orrin Keepnews sera le seul producteur que Monk rencontrera dans sa carrière, qui tentera — avec succès — d'avoir un vrai rôle de directeur artistique dans sa production. Il ne se contentera pas de laisser tourner les bandes du magnéto, comme l'ont fait avant lui les gens de chez Blue Note (avec délices) ou Prestige (avec désinvolture). Il tentera d'infléchir le cours de la vie artistique de Thelonious, il aura de véritables bonnes idées de producteur, sans doute autant par ambition que par inexpérience. Par ambition, car il a compris l'importance et la nouveauté de la musique de Monk, et il a vu l'ornière dans laquelle ce dernier s'est fourvoyé. Il veut l'en tirer, Orrin, et le faire découvrir au monde entier sous un jour nouveau, auquel il serait bien entendu associé. Par inexpérience aussi, car il n'a jamais produit de disques, et il ne sait pas à quoi il s'expose avec un Thelonious qui n'a jamais rencontré personne sur son chemin pour lui dire ce qu'il devait enregistrer. Keepnews aurait pu mieux choisir pour commencer, mais c'est ce qui me le rend éminemment sympathique : dans un genre différent, il devait être presque aussi buté que Monk, et ça, ça vaut déjà la palme.

Aussi, le premier écueil auquel s'attaque le producteur, c'est celui de l'image, somme toute négative, du grand prêtre du bebop. Malheureusement développée par Alfred et Lorraine Lion, cette représentation de sa musique l'avait suivi chez Prestige, où rien n'avait été fait pour la corriger. Monk était encore considéré comme un compositeur obscur, hermétique. Il convenait d'y remédier au plus vite. Première idée, donc, du producteur : lui faire jouer la musique de quelqu'un d'autre. Deuxième idée, conséquente : on ne va lui faire enregistrer pour son premier disque chez Riverside que du Duke Ellington. Subtil ! Très subtil ! Keepnews ne pouvait pas mieux choisir. Bien qu'au creux de la vague de sa popularité (comme le reste du jazz, d'ailleurs, la reprise ne s'effectuera qu'à partir de 55-56), Duke Ellington demeure malgré tout le seul compositeur noir qui dispute à George Gershwin et Cole Porter le tout premier plan sur la scène des grandes mélodies américaines. Dans le répertoire « traditionnel », on pouvait donc difficilement trouver mieux. D'autre part, il s'agit d'un concept de production assez nouveau et audacieux, dont le génial Norman Granz avait déjà testé l'efficacité avec le trio d'Oscar Peterson et ses fameux « songbooks » (un disque entier dédié au répertoire d'un seul compositeur) à la fin 52. Comme par hasard, les auteurs qui avaient été retenus par Granz étaient Gershwin, Porter et... Ellington. Ce concept avait rencontré un grand succès commercial, et j'imagine que c'est à la lumière de cette réussite que Keepnews décide de tenter l'expérience avec Monk. C'est un changement radical dans l'orientation musicale du pianiste, qui se tourne à cette occasion vers des projets plus rémunérateurs.

Mais le vrai coup de génie du producteur, c'est d'avoir précisément choisi Duke comme cheval de Troie pour cet assaut du Top 50. Monk le lunaire qui rencontre le soleil Ellington ! C'est une musique qui parle instantanément à Thelonious, elle fait partie de son héritage instinctif. La preuve la plus immédiate en est qu'il ne formulera aucune objection à cette idée de production : c'est donc qu'à ses yeux elle ne trahit pas une seconde ses convictions esthétiques. Bien au contraire... Car Monk enfile la musique de Duke comme un gant, du sur mesure, comme d'habitude. Et loin d'en donner une version copiée sur l'original, il pare cette musique de ses habits les plus étonnants, les plus personnels qu'on puisse imaginer. Relooké, le Duke ! Au goût du jour ! New wave ! *I got it bad,* une des ballades classiques d'Ellington, tout simplement extirpée de son tempo d'origine, jetée sur la grand-route du médium swing, pour devenir cette rengaine pointue, irrésistible. *Black and tan fantasy,* dont il ignore avec superbe le penchant dramatique, *It don't mean a thing,* réduite à sa plus simple et rythmique expression. *Sophisticated lady,* traitée avec une juvénile nonchalance. *I let a song go out of my heart,* authentique mélodie populaire qui trouve ici son expression en trio la plus absolument classique. *Solitude,* en solo bien sûr, intègre, profonde, résolue. *Caravan,* dépouillée, mystérieuse. Et puis aussi *Mood indigo,* dont la simple introduction exprime à elle seule toute la modernité et le radicalisme de la lecture de Monk.

On a du mal à croire que Thelonious n'est l'auteur d'aucune de ces compositions. Ah si, peut-être, il y a quelque chose de retenu, de pudique dans cet album qui pourrait nous mettre sur la piste... Cette façon de tourner le dos à la dramatisation ou à l'effet gracieux (ce que les Américains appellent si bien *playing pretty*), cette distance affectueuse et sincère, ce côté un peu propre... Et puis ces arpèges un peu emphatiques qu'il utilise si rarement dans les autres contextes... Duke, quand il joue ces morceaux, n'hésite pas à les investir totalement de son pouvoir de persuasion esthétique. Il les joue à fond. Mais Thelonious reste un peu sur le bord, il emprunte ces morceaux, il ne les vole pas. Il est content, à l'aise, détendu, ça se sent. Et le temps de l'emprunt, il fait briller la musique de Duke à sa manière, sans affectation.

Ses compères sont d'ailleurs particulièrement bien choisis : Oscar Pettiford, outre l'authenticité qu'il apporte au répertoire (c'est un ancien membre de l'orchestre d'Ellington), amène avec lui une passion et un savoir-faire qui équilibre parfaitement la tranquille assurance du grand maître Kenny Clarke — qui connaît Thelonious comme sa poche depuis les années passées au Minton's. Le triangle d'or. Sans parler du son de Van Gelder, l'écrin du diamant, le tapis rouge honorifique. Bref, le sans-faute. Une session sans histoires, presque que des premières prises, un rêve de producteur. Mon seul regret de casuiste : que la fameuse pochette du disque, qui offre une reproduction du *Repas du lion* du Douanier Rousseau (quelle intuition artistique de la part de Keepnews ! pas mal pour un producteur !), ne date que de la réédition de l'album en 58, et non de la première sortie du disque, où l'on voit une plus plate photo du trio. Sans cela, ç'aurait été la perfection du premier coup : le produit fini génial, l'état de grâce absolu.

Huit mois après, il remet ça : ce coup-ci, Keepnews ne fait enregistrer à Monk que des standards. Il continue de jouer la carte des grands classiques, avec la bénédiction du pianiste qui jette dans la balance sept petites merveilles de modernisme bien tempéré, réarrangées avec un goût exceptionnel. Sept morceaux qui passent avec bonheur au Monkobroyeur pour en ressortir plus neufs, plus frais, plus attachants que jamais. Même bassiste, et à la batterie, pour remplacer Kenny Clarke qui a déménagé en Europe, qui d'autre que le vieux pote Blakey ? Grâce à ce dernier, le répertoire déroulé au cours de cette séance acquiert une virulence que l'on pouvait regretter, un jour de mauvaise humeur, de ne pas trouver dans l'album précédent. Là, ça joue vraiment. La patte de l'ours se fait plus pesante, on le sent prêt à mettre le paquet. Sur *Just you, just me*, il se permet même d'écraser son record de durée (si l'on excepte le mémorable *Friday the 13th* enregistré deux ans et demi auparavant) pour faire un 7′ 58″ époustouflant. On a l'impression que c'est si bon qu'il ne peut plus s'arrêter. Le maître de la concision, l'ennemi juré du bavardage se laisse aller au tour de piste supplémentaire. La section rythmique tourne tellement fort, le morceau est tellement connu dans ses moindres recoins (rappelez-vous *Evidence*, dont il était la paraphrase), le son de Van Gelder est tellement bon, que ç'aurait été péché de ne pas en profiter. Et il en profite ! On est déçu que ça s'arrête ! One more time ! Quelle équipe ! Quelle époque ! Huit minutes ? Donnez-nous-en dix, quinze, cinquante, on s'en fout, pourvu que ça ne s'arrête pas ! C'est trop bon ! Pourquoi s'arrêter ? Plus de place sur le disque ? Faites-en un autre !

Résultat : flop total. Ceux-là mêmes qui reprochaient à Monk son obscurité ne lui pardonnent pas son inadmissible compromission. C'était bien mal connaître Thelonious qui, en matière de musique, ne connaît même pas le sens de ce mot. Mais peu importe, car maintenant les compteurs sont à zéro, et cela aura son importance par la suite. La qualité et l'intuition de ce choix de production n'éblouiront les détracteurs de Monk que lorsque sa vague de popularité déferlera, écrasante, un an plus tard. Les gens râlent, mais ils sont forcés de constater que tout ce que Monk touche se change en or, même s'ils se refusent sur le moment à l'admettre. Il y en a qui sont un peu lents, mais Monk a l'habitude... Et comme Keepnews est têtu, ça va finir par payer... Il faut insister dans la vie...

Mais alors, demandera-t-on, Monk ne compose plus ? Finie la source jaillissante de ces mélodies extraordinaires, inattendues ? Plus d'inspiration, Thelonious ? Voilà qui serait bien étonnant ! Ce n'est pas parce que son producteur a décidé de lui redorer le blason qu'il va baisser les bras. Et puisque chez Riverside on lui fait comprendre qu'il faut la mettre en veilleuse, eh bien, c'est sur un autre label, Signal, qu'il déversera son trop-plein de compositions. C'est pas bon de tout garder pour soi. Il faut que ça sorte, sinon on finit par tomber malade. C'est ainsi que sous le nom de Gigi Gryce, pour lequel il éprouve une vive admiration, il enregistre entre ses deux albums « normalisés » de Riverside des compositions de plus en plus modernes (« *Nica's Tempo* », 1955). C'est effrayant, on a l'impression qu'on ne peut plus l'arrêter. *Shuffle boil, Brake's sake* et *Gallop's gallop.* Aïe aïe aïe. Ces morceaux-là, c'est du solide. En plus, c'est encore une fois Van Gelder qui prend le son... Ils sont tellement monstrueux, ces morceaux, tellement difficiles, qu'il ne les ressortira du placard qu'au mieux de sa forme, au cours de l'année 64. Il faut vraiment un moral d'acier pour les jouer. Sinueux mais limpides, les vrais casse-tête, du grand art. Et Gigi Gryce qui les enfile avec désinvolture : pas facile, Monk ? vous voulez rire, c'est élémentaire, il suffit de le jouer comme c'est écrit !

Comme quoi le pianiste a beau arpenter les sentiers battus chez Riverside, ça ne l'empêche pas d'aller flâner sur ses terrains de prédilection... l'étrange, le singulier, le signé Monk... les chemins de traverse, qui débouchent sur les vastes clairières, inconnues... le cimetière des éléphants... il y en a beaucoup qui aimeraient bien avoir le plan pour y accéder, à ces terrains vierges, mais il n'y a que lui qui sait y aller. On est forcé de suivre le guide. Je vois bien Monk en sherpa, qui enjambe les précipices avec trois lianes nouées entre elles, le pont improbable, le savoir-faire unique : tout est dans le nœud, la liane, le souci du détail élémentaire. Et avec cela, une solidité à toute épreuve, cela supporte toute la musique. C'est une sorte de science mystérieuse des bouts de ficelle, des idées simples, des évidences rétrospectives. Tout, dans la musique de Monk, a son importance lumineuse — ce qui explique pourquoi il est difficile d'échapper au mysticisme quand on parle de lui. On réalise après coup que ce genre d'équilibre bancal, d'ignorance résolue de l'académisme qui frappe tant lorsqu'on l'écoute pour la première fois, résulte d'une concision et d'un calcul extrêmes. Il n'y a pas de manuel d'explication, avec Thelonious, il n'y a que lui qui sait faire, c'est comme ça.

C'est avec la parution de son troisième album chez Riverside, « *Brilliant Corners* » (1956), qu'éclate cette évidence. Là, ça y est. On commence à être prêt. Keepnews a gagné. Quand le disque sort en 57, Monk a trente-neuf ans. Tu parles d'une traversée du désert ! Il a déjà enregistré vingt-deux séances, dont dix-sept sous son nom ! Le plus drôle, c'est que la critique et le public ne lui accordent leurs faveurs que lorsque, après plusieurs tentatives de séduction de la part de son producteur, Monk se replie sur ses positions les plus aiguës, les plus radicales. Il me semble d'ailleurs que c'est à cette période de son existence que Monk va le plus loin dans sa démarche de compositeur. Jugez-en : cela fait maintenant presque dix ans qu'il enregistre et, en matière de compositions originales, il ne s'est pas répété *une seule fois* ! Ça chauffe à l'usine ! Quel régime ! Ça, c'est du flux tendu ! Alors ne nous étonnons pas si, à chaque fois, il pousse un peu plus loin. Mais là, il dépasse les limites. Le fameux point critique. D'ailleurs, comme par hasard, c'est dans cet album qu'il commence à revisiter son répertoire, avec *Bemsha swing*, tiré de ses années Prestige. Après cela, les nouvelles compositions se feront plus rares — pas moins belles, mais plus rares.

Mais en ce qui concerne sa composition *Brilliant corners*, on a là une affaire très spéciale. Toutes les conventions classiques y sont éclatées. Jamais Monk n'a été aussi loin dans son souverain mépris des règles. Le tempo est doublé, puis dédoublé plusieurs fois de suite dans le même morceau, d'une façon déroutante, mais concertée. Le « pont » de cette composition comprend sept mesures, au lieu des huit ou seize traditionnelles. Rien n'est carré, tout est de guingois. La tyrannie de sa mélodie singulière est totale, et l'improvisation, plus que jamais, y est complètement asservie. Les musiciens de cette séance sont, à l'exception peut-être de l'altiste Ernie Henry, ce qui se fait de mieux en matière de professionnalisme musical : Rollins, Roach et Pettiford. Eh bien même eux tirent la langue, et passeront une nuit entière sur ce morceau de bravoure sans arriver à en enregistrer une version complète, forçant ainsi Keepnews à effectuer un astucieux montage sauvant la séance du désastre total.

Les coins brillants. Déjà, rien que le titre est surréaliste. On avait déjà eu des bizarreries, comme *Off minor, Epistrophy* ou *Trinkle tinkle*, mais là on passe carrément à une autre dimension ! Cela dit, d'un point de vue strictement formel, l'idée de base du morceau est encore une fois simple et géniale. On va faire jouer le thème par l'orchestre, mais *à l'unisson.* Basse, batterie, tout le monde. On dira : à lire comme ça, ça n'a pas l'air si génial. Seulement voilà : jusqu'à présent, personne à ma connaissance n'avait eu cette idée pour un quintet de jazz. Encore un son tout neuf, bien décapant. Et puis cette mélodie s'apparente à la famille des *marches grotesques* de Thelonious, dans laquelle je rangerais, un peu en vrac, d'autres compositions telles que *Friday the 13th*, *Jackie-ing* ou *Coming on the Hudson*. Et à l'unisson, ça paie. Tempo lent, effet garanti. Il est difficile d'exprimer une mélodie avec plus de poids.

Deuxième idée géniale : en cours d'exécution, faire muer cette marche en « morceau de jazz », en doublant le tempo, walking bass, chabada sur la cymbale, roulez jeunesse, la vie en swing. Troisième idée géniale : rester bloqué sur les deux premières idées, et faire alterner l'improvisation sur les séquences lentes puis rapides. Le disque rayé. Seulement, à la réalisation, il y a comme un problème. Parce que pour passer du tempo simple au double, on fait ça tout ce qu'il y a de plus facilement. Mais quand sur tempo rapide il faut freiner dans la pente et, en une mesure, descendre de vélo pour reprendre la marche cadencée, là c'est une autre affaire. C'est comme qui dirait un mouvement pas naturel. Tous les montagnards le savent : il est plus facile de monter que de descendre. Et quand en plus on voit les accords sur lesquels on est censé improviser, là l'heure est grave.

Pourtant le concept est simple. En 1996, le morceau ne poserait pas trop de problèmes, on a vu plus tordu. Seulement voilà : on est en 1956 (le 15 octobre pour être précis, des jours comme ceux-là, ça se remarque). Monk, confie Keepnews, quitta la séance excédé de ne pas trouver des musiciens qui pouvaient jouer un morceau aussi évident. Aujourd'hui, quarante ans plus tard, on le comprend. Mais c'est dire l'avance qu'il avait sur son temps : véritable pionnière en la matière, cette composition ne trouvera d'équivalent conceptuel que bien plus tard, chez des Charlie Mingus ou des Ornette Coleman. Et encore. Car il s'agit d'un prédicat élémentaire dont l'exécution est tout simplement irrecevable. C'est pas de la musique, c'est de l'obstination. C'est ça qui est génial. On entend presque une voix off qui dirait : abandonne, Thelonious, ça ne va jamais marcher ! Mais Monk va jusqu'au bout de son idée, et le résultat est étonnant.

Car il faut être complètement cinglé pour écrire un morceau comme ça. Il ne faut douter de rien. Rollins à la rame, dans un océan de tempos changeants, avec comme cadre à son improvisation des harmonies pas du tout contiguës, ou bien trop lentes ou bien trop rapides. Ernie Henry, terrorisé à l'idée de louper un rendez-vous, qui se contente de regarder passer les trains, l'œil rivé sur sa montre. Max Roach qui n'arrive pas à se faire à l'idée d'un pont de sept mesures, et qui en rajoute une dans son solo, avec l'air de savoir ce qu'il fait. Et pourtant, tous les trois, comme Monk, sont de vrais New-Yorkais... on est en famille, ça devrait être plus facile pour faire de la musique. Reste Oscar Pettiford en éclaireur, le sang-mêlé indien de l'Oklahoma, qui agite les bras pour tenter de regrouper la colo. Et Monk, imperturbable, fend la bise avec sa sûreté habituelle, et donne un petit coup de volant quand la machine est sur le point de verser... L'équipée fantastique ! On s'étonne qu'il n'y en ait pas un qui soit resté sur le carreau dans l'aventure... un seul faux mouvement, et c'est l'accident... Jamais on ne comprendra mieux qu'à la lumière de ce morceau ce que Trane disait de la musique de Monk : si on rate un accord, c'est comme si on tombait dans une cage d'ascenseur vide... Et les musiciens de la séance qui s'efforcent, tout en crissant des pneus, de ne pas quitter la route ! Ça sent la gomme brûlée dans le studio... Le pauvre Orrin Keepnews, dans sa cabine, il devait s'arracher les cheveux ! Jusqu'à présent tout allait si bien ! Erreur système ! Calamitas ! Ai-je vraiment bien fait de signer ce type ? Pourquoi suis-je encore vivant ? Dans son livret d'introduction à la compilation Riverside, il commence ainsi, très british, son évocation de la séance : « À bien des égards, ceci fut le vrai début de mon travail avec Monk. » Ha ha ! Le travail ! Comme dit Hegel, le travail, la patience et la douleur du négatif ! Avec en plus Monk et Pettiford qui s'engueulent (à l'issue de cette session, ils ne joueront plus jamais ensemble), quel bordel ! Thelonious qui le premier soir repère un célesta dans un coin du studio, et qui exige de jouer *Pannonica* dessus ! Max Roach qui quelques jours plus tard découvre à son tour des timbales, et les matraque furieusement tout au long de *Bemsha swing* ! Qu'est-ce que c'est que cette maison de fous ? Vous appelez ça un disque de jazz ?

Et pourtant, le public ne s'y trompe pas : dans « *Brilliant Corners* » il applaudit, enthousiaste, la position la plus extrémiste du pianiste. Acculé au pied du mur, Monk sort sa botte secrète et renverse la situation ! Quel suspense ! Le coup est passé près ! On se surprend à penser que si les gens n'avaient pas été frappés par *ça*, il n'y avait plus qu'à jeter l'éponge. Tant pis pour eux, on abandonne. Artiste maudit, mort inconnu, réhabilité plusieurs années après, merde on a brûlé une sainte. Mais non, heureusement, ce coup-ci, on se réveille et Thelonious échappe enfin à une injustice qui le poursuit depuis si longtemps. C'est sadique, un public. Ils ont attendu que Monk mette la barre au plus haut — et Dieu sait si le niveau était élevé auparavant — pour dire : O.K., ça va, on le prend.

Je ne sais pas si c'est une coïncidence, mais juste avant d'enregistrer cet album, l'appartement dans lequel Thelonious habitait avec sa famille depuis plus de trente-cinq ans flamba entièrement. Piano, partitions, contrats, photos, disques, mobilier, tout. Un désastre. Le fait n'est pas rare à New York, où la médiocre qualité du bâtiment (associée à la criminelle cupidité des promoteurs immobiliers) expose les habitants à cette menace constante. Mais quand ça vous arrive c'est votre vie entière que vous voyez partir en fumée. Vision profondément amère quand on sait l'énergie qu'il faut déployer dans cette ville pour acquérir et préserver un peu de propriété privée. C'est injuste. Précisément au moment le plus critique de la carrière du pianiste : presque dix ans qu'il enregistre, et toujours inconnu, sans le sou et sans espoir visible d'amélioration. Et puis tout d'un coup, tout se débloque, comme s'il fallait payer ce tribut au destin pour le voir s'éclaircir. On efface tout et on recommence, sur le bon pied, cette fois-ci. Le sacrifice du feu.

Monk se rachète un piano, si grand qu'il empiète sur la cuisine, et enregistre comme on l'a dit son premier album en solo (« *Himself* », 1957). À cette occasion, il renoue avec ses anciennes et légitimes manies, et mélange au cours de la même séance compositions personnelles et standards revisités. Le confort retrouvé, vitesse de croisière, tout baigne. Et puis, mine de rien, nous voici donc en été 57. Monk a récupéré sa *cabaret card*, et le voilà enfin autorisé à se produire à New York. C'est alors qu'il trouve au début de l'été un engagement dans un petit club peu connu du Lower East Side, le Five Spot, où il va emmener son trio qui deviendra rapidement un quartet avec Wilbur Ware, Shadow Wilson et, autre sensation, John Coltrane. Le groupe fait l'effet d'une bombe. Comment a-t-on pu ignorer Monk pendant aussi longtemps, se demande la foule compacte qui s'entasse dans le club ; ce type-là est génial ! Il était où, pendant tout ce temps-là ? Le groupe est engagé à demeure, tant qu'il y aura du monde pour l'écouter. Avec quelques interruptions, Monk y restera donc plus d'un an. La queue pour accéder au club fait plusieurs fois le tour du pâté de maisons. C'est bien le minimum, quand soudain toute la ville veut le voir se produire. En décembre de la même année, il participe en trio à l'émission de télé « *The Sound of Jazz* », pour la chaîne CBS, qui achève de diffuser à l'échelle nationale son succès new-yorkais ; il y partage la soirée avec les Grands Anciens : Billie Holiday, Count Basie, Coleman Hawkins, Ben Webster...

Monk a quarante ans, et son heure est enfin arrivée. C'est le moment de souffler un peu et de regarder en arrière. En fin de compte, les choses se présentent plutôt bien. Tout d'abord, Thelonious a trouvé un agent. C'est important, un agent : c'est lui qui trouve les concerts, discute des prix, c'est par lui que le boulot arrive. Un musicien de jazz, tant qu'il n'est pas reconnu de façon notable, s'occupe le plus souvent lui-même de ses affaires. Il joue dans un club, un organisateur quelconque entend l'orchestre, va à la pause vers le leader et lui dit, j'ai une salle à Baltimore, ça vous dirait de venir y jouer le mois prochain ? On dit d'accord, on s'entend sur le prix, le type envoie les contrats et l'affaire est entendue. C'est le principe de la boule de neige : plus on joue, plus on est sollicité, jusqu'au moment où cette avalanche est trop importante pour être contenue par l'artiste seul ; en général, un agent survient, propose ses services et se rémunère (entre 10 et 20 %) sur les cachets du musicien. Ça, c'est dans le meilleur des cas. Le pire : pas de concerts, donc personne pour s'occuper de vous. En 55, quand il quitte Prestige, Monk est plus près du pire que du meilleur, et c'est ce qui fera sa chance. Car il ne représente aucun intérêt financier pour un agent en quête de revenus. Si quelqu'un l'aborde avec cette proposition, c'est donc par amour pour sa musique et non par appât du gain. L'agent professionnel peut être une menace pour la carrière d'un musicien, car si son seul objectif est de faire tourner la boutique, il peut placer « son » artiste dans un contexte qui ne lui convient pas tout à fait, et dans le cas de Monk, c'est l'équivalent d'une catastrophe. Mais le type de l'amateur enthousiaste comporte également ses dangers : peu familier avec les usages du métier, il peut par ignorance précipiter son protégé dans les chausse-trapes où le vrai pro l'enverrait par cupidité. Mais Thelonious a du nez. Sa finesse et sa pénétration psychologiques lui permettront de repérer la perle rare lorsqu'elle se présentera en la personne de Harry Colomby.

Ce dernier raconte qu'il adressa pour la première fois la parole à Thelonious alors que celui-ci se produisait aux côtés d'Art Blakey. Harry était à l'époque prof de secondaire, fan de jazz, et avait invité Blakey à jouer dans son école. Il s'était donc rendu au club où jouait le batteur afin de lui indiquer le chemin à prendre pour se rendre au concert. Ce qu'il faut savoir, c'est que le frère de Harry, Jules, était producteur de jazz, et tenait le label Signal Records pour qui Monk avait enregistré avec Gryce. Et ça, ça se passait quelques semaines avant de rencontrer Harry. Ça crée des liens. C'est d'ailleurs la première chose que mentionna Harry en rencontrant Thelonious au bar du club : je suis le frère de Jules. Introduction rêvée. Car cette séance se situait agréablement en marge des pressions que Monk avait subies ces derniers temps en matière d'enregistrement. Bon souvenir ; les Colomby sont O.K. Sourire de Thelonious. Ah oui, je me souviens, tu habites *uptown*, n'est-ce pas ? Tu es en voiture ? Tu ne voudrais pas me raccompagner ? (Harry n'habitait pas du tout *uptown*, mais il admirait trop Thelonious pour laisser passer cette occasion.) Pas de problème, dit Colomby, mais vite, parce que je donne des cours demain matin et je me lève à six heures. Un bon moment après, les voilà donc dans la voiture et une demi-heure plus tard, en déposant Monk devant sa porte, Harry était devenu l'agent de Thelonious. Dans l'intervalle, il avait longuement exposé au pianiste son enthousiasme pour sa musique, et comment il pensait que son succès n'était qu'une question d'obstination et de refus des compromis. Ce discours plut à Thelonious, et cela suffit à sceller une amitié qui dura jusqu'à la mort de celui-ci (Colomby est quant à lui encore vivant). Il était comme ça, Monk. Au feeling. Encore une fois, il ne s'était pas trompé, car Harry fut pour lui le plus intègre et le meilleur des agents qu'il eût pu trouver. Et quand on est musicien, c'est déjà une bonne chose.

Début 58, cela fait donc trois ans que Colomby s'agite pour Thelonious ; la levée de l'interdiction de jouer un an auparavant lui facilite beaucoup le travail. Là-bas, on dit non sans chauvinisme que si on réussit à New York, on réussit dans le monde entier. Et si on ne peut pas jouer à New York, eh bien, pour le reste du monde, les choses sont un peu compromises... Cela aussi est arrangé, et c'est un sacré souci de moins. Et puis, au printemps, vient le temps de la renégociation de son contrat de trois ans avec Riverside, et cela se passe plutôt bien : ses avances sur royalties font plus que doubler, et leur valeur en pourcentage sur chaque vente de disque augmente également. À partir de maintenant, Monk vaut de l'argent, et il sent qu'il va en valoir de plus en plus. Sentiment réconfortant qui efface le mauvais souvenir du chèque de 108 dollars d'il y a encore trois ans. Ça veut dire aussi que Thelonious Jr. va pouvoir aller dans une pension tout ce qu'il y a de plus chic, où il côtoiera d'autres enfants d'une élite libérale et multiraciale new-yorkaise. Les choses prennent bonne tournure pour les Monk.

Et puis, en août 58, les critiques du magazine *Down Beat* finissent par se rendre à l'évidence, et le couronnent musicien de l'année. Bref, Monk tient le bon bout. Son destin est en train de prendre un poids sensible. On voit qu'il est bien parti. Un bon producteur, un bon agent, du pognon, de la reconnaissance, de la belle musique, le sentiment d'y être parvenu par détermination et non par chance ou par compromission, il y en a beaucoup qui sont morts avant d'avoir vu ça. Bon, bien sûr, il y a ces absences de Thelonious, qui peut errer dans une ville sans savoir où il va, ni qui il est... Il y a ces jours et ces nuits d'affilée, où il arpente sa chambre sans interruption, jusqu'à épuisement total... Il y a ces périodes de mutisme où il ne dit absolument rien, même pas à sa femme ou ses enfants... Mais ça, on le garde pour plus tard...

8

Saxophones !

S'il y a bien un instrument qui de nos jours semble incarner le jazz, c'est le saxophone (étrangement à tort, d'ailleurs : seule la batterie fut inventée spécifiquement pour cette musique, mais c'est une autre histoire). L'épopée de cet instrument fut récemment célébrée à l'occasion du cent-cinquantenaire de sa naissance, aussi me pardonnera-t-on d'en faire ici l'économie. Mais il me semble nécessaire de faire un petit détour pour en tracer l'importance à l'époque où Monk fait irruption dans l'histoire du jazz. Au milieu des années 40, les quatre instruments à vent reconnus d'utilité jazzistique sont la clarinette, le trombone, la trompette et le saxophone. Star incontestable d'un jazz désormais « classique », la clarinette, malgré sa couleur et son expressivité exceptionnelles, apparaît au moment du bebop comme l'emblème d'une musique dépassée. Exit la clarinette. Le trombone, d'une superbe tessiture, est un instrument difficile à manipuler dans ses extrémités graves ou aiguës ainsi que dans les tempos rapides, et malgré quelques solistes hors pair, il restera toujours, pour des raisons techniques, à la lisière du succès populaire que rencontreront les deux héros du bop : la trompette et le sax.

La trompette ne jouit pas d'une tessiture très étendue, mais c'est elle qui domine les aigus, et ça, ça suffit à lui tailler la part du lion. Son éclat, sa vélocité, sa brillance ou son feutré, selon qu'elle flirte ou non avec une sourdine, en font avec Dizzy Gillespie, Howard McGhee ou Fats Navarro un élément indispensable du jazz de l'époque. Reste le saxophone. C'est un instrument dont l'apprentissage est simple. Il permet de passer avec une facilité étonnante du grave à l'aigu. L'aisance des doigtés autorise des phrasés fluides, extrêmement rapides. Et surtout, c'est un instrument à anche, contrairement à la trompette, dont l'embouchure nécessite un contrôle physique des lèvres, de la colonne d'air, du diaphragme et des abdominaux beaucoup plus contraignant. C'est également un instrument sur lequel chaque note correspond à une position des mains, alors que la trompette, avec un seul doigté, peut exprimer une demi-douzaine de notes différentes, qu'il faudra produire par le contrôle du souffle approprié.

Au lendemain de la Seconde Guerre mondiale, durant laquelle les clubs de jazz étaient soumis à une taxe supplémentaire s'ils proposaient de la musique de danse ou des chanteuses, les grands orchestres avaient progressivement laissé la place aux petits ensembles, formations de combat des boppers. D'où l'orchestre type : section rythmique (piano-basse-batterie), plus solistes, c'est-à-dire sax et trompette. Maintenant, aggravons les contraintes financières, et imaginons un club ou un organisateur de tournées qui ne peut payer que quatre musiciens, et non cinq, comme cela sera de plus en plus souvent le cas. La section rythmique reste intacte, car l'amputer d'un de ses membres dénature le style même du jazz joué à l'époque, et reste à choisir entre le sax et la trompette. Seulement voilà : il est quasiment impossible pour un trompettiste de tenir seul la vedette pendant trois ou quatre sets d'une heure sans s'abîmer les lèvres. Encore aujourd'hui, rares sont ceux que l'on voit se produire en quartet, sans le soutien indispensable du saxophone qui leur permettra de se reposer un peu. Instrument au son plus velouté et moins lassant à l'oreille du public que la trompette, le saxophone demeure ainsi, pour toutes ces raisons, et encore bien d'autres, le roi du jazz moderne.

Aussi Monk épousera-t-il cette règle et côtoiera toute sa vie des saxophonistes, espèce primordiale et nécessaire, qui viendront à loisir enrichir sa musique. Ou plutôt s'enrichir de sa musique. Car les solistes qui à un moment ou un autre se retrouvent dans son groupe y sont presque comme à l'école ; et remettre en cause l'autorité de Monk dans son propre groupe reviendrait à tenter de faire sauter l'Élysée avec un pétard chinois. Très rapidement on va chez Monk pour jouer, et pour apprendre. Ne porte-t-il pas d'ailleurs une bague mentionnant MONK, et qui, une fois retournée, se lit KNOW (savoir) ? Nul ne songe à remettre en cause son autorité ou ses connaissances, Monk est un maître, un point c'est tout. Et c'est en cela que ses rencontres avec les saxophonistes seront si intéressantes, car il les forcera à redéfinir leur jeu, à repenser leur approche, à se couler dans son moule étriqué et génial. Entendre du Monk joué par un autre est toujours une expérience rafraîchissante car elle met en lumière, comme on l'a dit, l'extrême spécificité de son jeu de piano. Monk invente un monde que lui seul exprime naturellement, sans effort. Les autres solistes devront dans la plupart des cas franchir l'équivalent d'un 400 mètres haies pour tenter de jouer sur certaines de ses compositions une idée originale qui ne sonne pas faux.

Un seul homme fera exception à cette allégeance naturelle du soliste à Monk : le maître des maîtres, celui qui, comme Louis Armstrong pour la trompette, éleva le saxophone au rang de soliste à part entière, et lui donna ses premières lettres de noblesse : Coleman Hawkins, alias the Bean. Du cloaque des anches, de la mare de roseaux, coasse une grande voix d'homme. Il faut dire que c'est un Ancien, le Bean. Monk avait tout juste du poil au menton quand fut enregistrée, en 39, sa version définitive de *Body and soul*, accessoirement une des meilleures ventes de disques de l'histoire du jazz de l'époque. Hawkins, le maître du sax ténor, un son inoubliable, un phrasé subtil, viril, lumineux.

Et également le premier employeur en studio de Monk. En 1944, paraît un enregistrement intitulé « *Bean and the Boys* » qui comprend quatre titres : *Flyin' Hawk, Driftin'on a reed, On the Bean* et *Recollections*. Monk y exécute à cette occasion un solo de seize mesures (fidèle au format très court en vigueur à l'époque) qui ne laisse aucun doute sur les raisons pour lesquelles le grand Hawk l'a pris dans son orchestre. On y devine un pianiste original et décidé, le germe de quelque chose d'unique. Il faut dire que le saxophoniste est un des rares musiciens de la grande époque du jazz « classique » — il se retrouve aux côtés, entre autrcs, de Louis Armstrong dans l'orchestre de Fletcher Henderson — à avoir eu une attitude active et bienveillante vis-à-vis de ces jeunes turcs du bebop qui entendent redéfinir les règles du jeu. Il enregistrera avec Dizzy Gillespie, Max Roach, Fats Navarro ou Milt Jackson des plages qui attestent de son désir de moderniser son phrasé, d'ouvrir ses horizons et d'apprendre de cette nouvelle génération ce que l'ancienne ne peut plus lui apporter.

Après cet enregistrement qui le dépucela dans le monde du disque, Monk fit partie plus ou moins régulièrement de l'orchestre du Bean, joua avec lui sur la 52e Rue et l'accompagna en 1945 dans une tournée des États-Unis à l'occasion des premiers Jazz At The Philharmonic évoqués plus haut. De cette collaboration, on peut sans doute retenir, entre autres, le goût commun aux deux musiciens pour les phrases arpégées, devenues assez rares dans le « nouveau » piano de l'époque. Monk appuie souvent ses solos sur des arpèges, c'est-à-dire sur des notes constitutives d'accords, égrenées l'une à la suite de l'autre, et non sur les fameuses gammes et phrases bebop qui font maintenant irruption dans l'improvisation. Il semble ainsi dès le début enraciner son style dans une tradition commune à ses aînés, pour le développer dans une direction que lui seul connaît. Je parierais même que cette « couleur Monk » que l'on devine chez ce pianiste de vingt-six ans, par son étrange autorité mélodique, n'a pas plus décontenancé le Bean que les boppers. Hawkins est en terrain connu avec Thelonious : celui de la voix qui chante, du doigt qui montre, des pieds bien à plat. Les gammes n'ont finalement rien à voir là-dedans, ce n'est qu'une question de *conviction partagée* avec les autres musiciens, tous âges et styles confondus...

Et puis Monk a l'indéniable satisfaction de se savoir engagé, donc reconnu et apprécié par une des figures légendaires du jazz. Cela a-t-il joué un rôle dans l'obstination de Thelonious à faire sa propre musique, et non celle de tous les autres ? Difficile de savoir. Mais j'ai du mal à croire que quand on est jeune et qu'on joue dans l'orchestre d'un des plus grands musiciens de l'époque, on n'en retire pas quelque confirmation de sa propre valeur et du bien-fondé de ses choix esthétiques.

Le temps passe. Treize ans plus tard, en 57, Thelonious connaît alors l'énorme succès que l'on sait. C'est la gloire. Il est maintenant en route pour devenir une des voix reconnues et admirées du jazz moderne. Il peut se permettre ce qu'il veut, son public lui est désormais acquis. Que fait-il ? Il appelle le vieux Bean, et lui renvoie l'ascenseur. Viens donc enregistrer sur mon disque, pour changer. Rien n'oblige Thelonious à recourir, pour « *Monk's Music* » (Riverside, 1957), aux services de ce vieux briscard que quelqu'un d'autre à l'époque pourrait juger démodé et inadéquat. Mais tout d'abord, Hawk n'est pas du tout le vieux croûton qu'on pourrait croire. Il prouve encore une fois à cette occasion, était-ce d'ailleurs nécessaire, que les ballades n'ont point de couleurs, de replis, de soupirs qui ne lui soient familiers. Et puis, n'est-ce pas une idée géniale que de placer côte à côte, en studio, Hawkins et Coltrane, l'ancien et le nouveau, tous deux asservis à la musique sans âge, éternelle, de Thelonious ?

Les heureux acquéreurs de l'intégrale Riverside (quatre coffrets, tout Monk entre 1955 et 1961) pourront trouver à l'intérieur un excellent livret déjà mentionné, dans lequel Keepnews rend compte, session par session, de l'enregistrement de tous les disques que Monk a faits pour lui. Précieux ! Instructif ! Le producteur y précise en particulier que lorsqu'il évoqua l'idée de « *Monk's Music* » avec Thelonious, il lui proposa plusieurs saxophonistes que le pianiste rejeta avec fermeté, pour suggérer à son tour Coleman Hawkins, Gigi Gryce et John Coltrane. Le passé, le présent, et l'avenir. Aucun producteur de jazz, à moins d'être aussi profondément génial que l'artiste qu'il enregistre, n'aurait pu trouver une idée à la fois aussi saugrenue et adéquate ! Voilà qui démontre une fois de plus la sûreté de l'intuition musicale de Monk ! Il sait ce qui est bon, ce qui doit sonner juste, conjointement à sa musique ! Keepnews précise également que Thelonious était resté debout plusieurs jours d'affilée pour préparer cette session, et s'était présenté au studio avec une ponctualité pour le moins inhabituelle. Autant de preuves de son attachement à cet enregistrement, et du souci qui accompagnait un projet aussi ambitieux.

J'y vois aussi un signe de l'affectueux respect que Monk porte à son ancien mentor. Cette affection, il la lui prouvera jusqu'à la fin de sa vie. Comme en témoigne Tootie, il n'y avait pas de semaine où son père et lui n'allaient rendre visite au vieux Corbeau, qui portait maintenant une longue barbe, et que l'histoire du jazz avait prématurément enterré. Guère plus sollicité à New York, on se doute que celui-ci dut goûter pleinement, au déclin de sa vie, la qualité et l'élégance de la fidélité de Thelonious.

Un autre saxophoniste se démarque légèrement de la règle d'allégeance au maître : Sonny Rollins. On peut commencer par tricher en avançant que Rollins est un héritier en droit fil de Hawkins. Mais ça ne suffit pas à tout expliquer. Un fait marquant demeure, et il a une importance considérable : le jeune saxophoniste (n'oublions pas qu'il est le cadet de Thelonious de douze ans !), bientôt surnommé Newk, est un des rares musiciens à avoir fait appel à Monk comme accompagnateur. Il faut du courage, de l'admiration ainsi qu'une très intime compréhension de la musique du pianiste pour décider de l'inviter à sa propre séance d'enregistrement !

Il n'y en a pas beaucoup qui osent, voyez plutôt :

Charlie Parker/	« *Bird and Diz* »	Thelonious Monk (piano)
Dizzy Gillespie	(Vogue, 1950)	Curly Russel (bass)
		Buddy Rich (drums)
Miles Davis	« *Bag's Groove* »	Thelonious Monk (piano)
	(Prestige, 1954)	Milt Jackson (vibes)
		Percy Heath (bass)
		Kenny Clarke (drums)
Gigi Gryce	« *Nica's Tempo* »	Thelonious Monk (piano)
	(Savoy, 1955)	Percy Heath (bass)
		Art Blakey (drums)
Art Blakey	« *Art Blakey's Jazz*	Thelonious Monk (piano)
	Messengers	Johnny Griffin (tenor sax)
	with Thelonious	
	Monk »	Bill Hardman (trumpet)
	(Atlantic, 1957)	Spanky De Brest (bass)
Clark Terry	« *In Orbit* »	Thelonious Monk (piano)
	(Riverside, 1958)	Sam Jones (bass)
		Philly Joe Jones (drums)

Plus Rollins, et la liste est close. Alors que tout le monde se mélange à tout le monde, que le jazz vit une des périodes de promiscuité musicale les plus intenses et que les discographies de ses confrères noircissent déjà plusieurs pages,

Monk enregistre comme accompagnateur pour six groupes seulement.

Et pourquoi on ne le prend pas, Monk, comme *sideman* ? Il joue bien, non ? Beaucoup de musiciens le considèrent même comme un génie, un type extraordinaire. Des accords stimulants, un tempo intérieur impeccable. Le grand frère de Bud Powell, le compère de Dizzy et de Bird, il a tout vu ; en 54 il a déjà un métier terrible... Seulement voilà. C'est bien de l'écouter, mais de là à l'avoir dans son orchestre, c'est autre chose... Parce que Monk joue Monk, point à la ligne. Il peut tout jouer, mais seulement comme Monk. Pas comme Al Haig, Bud, Tadd Dameron ou Teddy Wilson. Et ce qu'il joue, c'est fort, tellement fort que ça éjecte le soliste si celui-ci n'est pas déjà bien assis sur la selle. Quand on est un cuivre et qu'on a Monk derrière soi, c'est comme si on avait le diable en personne qui vous piquait le cul avec sa fourche. Ça déconcentre ou ça donne des ailes, au choix. Miles préférera que Monk ne joue pas derrière lui dans ses solos lorsqu'ils enregistreront leur seul disque ensemble (« *Bag's Groove* », Prestige, 1954). Ça se comprend parfaitement : on n'a pas toujours envie d'avoir un partenaire aussi encombrant, surtout quand on s'appelle Miles et qu'on a une conception du rythme, de l'espace, des couleurs si *concurrente* de celle de Monk.

Mais Rollins, lui, cela ne lui fait pas peur. Au contraire, ça l'inspire. Je crois même que c'est le seul saxophoniste qui ait su *s'appuyer* sur le pianiste dans son improvisation. Là où tout le monde redoute l'intervention intempestive de Monk et de son fameux piano à clous, lui s'offre le luxe suprême d'anticiper sur les ponctuations de Thelonious, de se glisser entre elles comme entre des récifs, autour desquels il ne dédaigne même pas de caboter quelque temps quand l'envie lui en prend. À croire que parfois les deux compères entendent la même chose au même moment. Il faut dire qu'ils sont pays : tous les deux new-yorkais, ils ont tété la même musique au berceau, alors c'est comme avec Bud, ou Roach : il y a des choses qu'on entend tout simplement, et qui se passent d'explications. Chez les musiciens de cette génération, on commence à avoir des boppers qui viennent d'un peu partout. Mais quand on est entre New-Yorkais, on entend les choses d'une façon particulière, et ça fait un style. Pas facile à définir. Une sorte de sentiment aristocratique d'être né dans la bonne famille, celle où il « faut » être. Cela s'accompagne d'un sens permanent de l'exigence, de l'éclectisme. On fait un peu la synthèse de tout ce qui se fait aux États-Unis. L'idée de concept est importante, chez les New-Yorkais. Rollins, Monk, Roach, Bud : modernes et classiques en même temps, plus intellos que gros déconneurs. C'est pourquoi on peut comprendre la sympathie, l'empathie même, immédiate, entre Sonny et Thelonious.

La version que rend le saxophoniste de *Pannonica* (« *Brilliant Corners* », 1956) en est le superbe exemple. Leurs deux voix se complètent, se mélangent d'une façon étonnante, aussi sûres d'elles qu'imprévisibles. Un instinct exceptionnel. Cela se joue à la note près : Rollins finit une phrase tout en volutes sur *la* note que choisit Thelonious pour dominer son accord d'accompagnement. Ça ne se prépare pas, ça. C'est comme une chaleureuse et rugueuse télépathie, qui se bouscule en chantant de mesure en mesure. Cette façon qu'a Rollins d'accrocher une note au passage et de la picorer à petits coups de bec est tellement proche des accents angulaires de Monk que l'on se demande qui accompagne qui. Puis, tout d'un coup, une échappée d'un lyrisme mélodique définitif s'achève, brutale, entre les mains du pianiste et donne toute la mesure de leur complicité. Captivant. Jamais avant, ni même après on ne retrouvera cet autoritaire équilibre qui unit Monk à un saxophoniste.

Cela est sans doute plus frappant quand c'est Thelonious qui invite. Car c'est sur le parcours imposé de ses compositions (et pas les plus faciles, de loin) que l'on mesurera la belle assurance du phrasé de Rollins. Comme on l'a dit plus haut, les morceaux de Monk interdisent le plus souvent au soliste de s'adonner au lieu commun. Et là, le saxophoniste, non content d'éviter ces écueils, s'offre le luxe de se promener à travers la musique avec une facilité... Rollins et Monk partagent en effet cette même façon de voir les choses *de haut.* Ni l'un ni l'autre ne sont pressés d'en découdre avec un morceau. Ils respirent à leur guise et ne parlent que lorsqu'ils ont quelque chose à dire. Ils ont tous deux le recul nécessaire pour s'amuser d'un accroc, ou pour couper à travers champs quand c'est nécessaire. Pour marteler un coin d'accord avec une légèreté distraite. Pour citer avec amour un bout de mélodie, délaissée sitôt qu'elle se dévoile. Monk et Rollins, faits naturellement l'un pour l'autre. Deux géants qui, au lieu de se faire de l'ombre, cohabitent dans une musique affectueuse et féconde.

C'est Thelonious qui, officiellement, invite en premier. Il est alors chez Prestige, et sollicite Sonny pour trois titres, en novembre 53. L'invitation est rendue en octobre 54, toujours chez Prestige, pour deux standards seulement : *The way you look tonight* et *I want to be happy.* On ne peut qu'admirer la superbe maîtrise du saxophoniste, presque indifférent à l'accompagnement de Monk (qui d'autre pourrait l'être ? C'est comme d'avaler une boîte d'épingles). De son côté, le pianiste joue le jeu de façon particulièrement convaincante, et se contente de son rôle d'accompagnateur avec ferveur mais modestie. Le loup ne sort du bois que pour les solos, et là, on entend le Grand Méchant Monk, égal non seulement à lui-même, mais aussi à Rollins : du superbe travail.

C'est alors « *Brilliant Corners* » en 56, dont on a déjà parlé. Puis enfin, Rollins sollicite son ami chez Blue Note en avril 57, à l'occasion d'un disque extraordinaire où Thelonious partage le piano avec Horace Silver, et joue derrière le saxophoniste sur ses propres compositions (*Misterioso* et *Reflections*). Ce dernier enregistrement est particulièrement impressionnant par la façon qu'ont les deux musiciens de se précipiter tous les deux au même endroit, comme si leur télépathie était devenue presque encombrante. Je me demande même si ce n'est pas la présence de Blakey qui brouille la donne.

Car ce n'est qu'à cette occasion précise, et pour deux titres seulement, que l'on peut entendre réunis ces trois géants du jazz. Tout pourtant les rassemble, et les isole de leurs contemporains : cette même façon immédiate, presque brutale, de concevoir la musique ; ce même sens miraculeux de l'à-propos, de la phrase définitive ; cette même image de l'homme comme un roc, et du jazz comme un fleuve jaillissant, endigué par la force de leur âme... Mais cette toute petite session du 14 avril

57 est tout ce que le collectionneur peut se mettre sous l'oreille s'il veut les entendre ensemble. Bizarre, non ? C'est à se demander si ce n'était pas dangereux de les réunir dans un studio... Deux, ça va, mais trois... on risque de tout casser avec ça... Il faut les entendre jouer le blues dans *Misterioso*... Sur scène, ça devait faire mal... Et ils ont dû en faire, des concerts ensemble...

Cette séance fut donc la dernière à rendre compte de cette intime connivence entre Monk et Rollins ; on ne peut s'empêcher de regretter qu'ils n'aient pas plus souvent associé leur destin sur disque ; mais c'est comme ça, alors on imagine...

Puis survient Coltrane. Alors là, ce n'est plus du tout le même scénario. Quelque chose de très bref (six mois) et très intense. Très, très intense. Avec Coltrane, d'ailleurs, c'est toujours intense. En 1957, il est le challenger officiel de Rollins. Une année plus tôt était enregistré le fameux « *Tenor Madness* » où les deux saxophonistes, le temps d'un blues, affrontaient leur énergie, leur savoir, leur avenir. Combat des chefs. Personne ne gagne, sauf l'auditeur, bien sûr. Tous les deux sont fous à lier. L'un se cherche depuis toujours, inlassablement, change de son, d'approche, de style : Rollins. L'autre bouillonne, lui aussi à la recherche de la musique qui l'habite et qu'il n'arrive pas encore à attraper par le bon bout : Coltrane. On peut dire que Monk n'a pas manqué de jugement quand il est passé de l'un à l'autre. Il avait mis le doigt, successivement, sur deux grands agités du bocal, qui propulsaient sa musique dans des contrées tout à fait intéressantes. Seulement, autant Rollins ne m'a jamais semblé plus libre, plus détendu que dans ce contexte, autant Coltrane arrive tortueux, enfiévré.

Il débarque de chez Miles, dont le groupe connaît depuis plusieurs années un gros succès. Il quitte un quintet sublime, avec Red Garland au piano, Philly Joe Jones à la batterie et Paul Chambers à la basse. La dernière voiture de course de Miles. Une section rythmique de rêve. On devrait presque dire une traction rythmique. Et Miles lui prête le volant, pendant deux ans : les ballades, superbes, tout en souplesse. Les tempos médiums bien au fond du siège, un swing très dur. Les tempos rapides : serrés, musclés comme un dos de boxeur. L'idéal du genre. Sauf que les excès d'héroïne de Trane exaspèrent le trompettiste, qui s'est calmé de ce côté-là, et commence à voir le succès pointer le bout de son nez. Pas question de voir la dope anéantir sa vie une fois de plus. Il vire donc Trane, qui va chez Monk remplacer Rollins, lequel atterrit chez Miles. Échange standard.

Et Trane, tout ce qui l'intéresse, c'est la musique. Comme le dit si joliment Miles : il était tellement dedans, qu'il aurait joué devant une fille à poil sans même la voir. C'est un spirituel, Coltrane, il cherche la sortie vers le haut, c'est quelqu'un de vertical. Et Monk agit comme un déclic : le saxophoniste décroche de l'héroïne, *cold turkey*, comme disent les Américains, c'est-à-dire du jour au lendemain. Dinde froide. Et se met à arpenter furieusement la musique du pianiste. De bas en haut, de droite à gauche, de la cave au grenier. Frénétiquement. Tout y passe, il nettoie tout à fond. Joue des trucs impossibles au saxophone, écrits juste pour le piano, comme *Trinkle tinkle*. Le déchire, l'éparpille, le rassemble, puis le cloue au mur. Comme ça, pour se tenir l'esprit occupé et ne pas penser à *ça*. Ou bien revisite le grand classique de Monk et Kenny Clarke, *Epistrophy*, qui traîne dans les clubs depuis bientôt quinze ans. D'habitude, depuis le temps, le morceau se joue plutôt pépère. Personne, à part Monk lui-même, ne le joue vraiment de la façon dont il l'a écrit, c'est-à-dire en montant ou descendant d'un demi-ton tous les deux temps. C'est épuisant, alors on a pris le pli de jouer huit mesures de *ré* bémol, puis huit mesures de *mi* bémol et ainsi de suite, sans se fouler. Sauf que Trane, lui, il joue tout, tout le temps, à toute allure. Il descend dans la salle des machines, pour voir comment ça marche, ces compositions. Démonte le moteur pièce par pièce, et le remonte, les mains dans le cambouis. À la mine, Coltrane. Le casque, la pioche et au boulot. Tous les jours pendant six mois. Voyage au centre de la terre : chaque jour un peu plus loin, il remonte du grand puits avec des trésors insoupçonnés.

Même Monk il le met hors jeu : bouge de là, la place est prise. Pas la peine de jouer les accords, merci vieux, je les joue déjà assez comme ça. Et le voilà parti dans ses fameuses « sheets of sound », comme elles seront vite baptisées, ces nappes de son qui n'ont plus de définition rythmique à proprement parler, qui sont juste un élan d'un accord à un autre, une longue respiration qui s'élève, s'élève en s'enroulant autour d'elle-même, comme la corde du fakir. Et Monk, par son silence — il a pris l'habitude de l'accompagner très peu —, laisse venir cette lame de fond, la suit de quelques coups de rame, et la laisse courir, emportée par sa propre prouesse. Monk accoucheur : il met au monde, par ses compositions complexes mais heureuses, cette musique que Coltrane porte en lui et qui si profondément le tourmente. Comme si les contraintes qu'il impose au saxophoniste étaient celles-là même qui l'éveillaient à la liberté.

De ce bref mais fructueux passage de Trane chez Monk, il subsiste heureusement quelques traces discographiques. Trois sessions enregistrées à l'époque (avril, juin et juillet 57), qui sont tout simplement... bah, à quoi bon chercher des épithètes, quand il suffit de les écouter. *Ruby, my dear, Trinkle tinkle, Well you needn't, Nutty, Monk's mood* et *Epistrophy* (je ne cite que celles où Coltrane improvise avec Monk). Tous aux abris ! Que des versions définitives. Finie la belle et émouvante entente qu'il y avait entre Rollins et Thelonious. Trane dépossède littéralement le pianiste de sa musique. Attaque à main armée. À l'exception peut-être des ballades : *Ruby, my dear* et *Monk's mood.* Le saxophoniste y joue comme un digne fils de Hawkins : la mélodie d'abord. Il les respecte, les caresse, ces ballades, et ne s'envole en arpèges que lorsqu'elles veulent bien le lui permettre. Belle preuve d'amour ! Tendre faiblesse du tueur, qui renonce à l'exécution, envoûté par la beauté de sa victime...

Ajoutons que ce n'était pas facile, légalement, de rassembler les deux musiciens dans un studio d'enregistrement. Car Coltrane était à l'époque sous contrat chez Prestige que Monk avait quitté trois ans plus tôt, dans les conditions dont on se souvient. Aussi quand Keepnews appelle Bob Weinstock pour lui « emprunter » un de ses artistes, celui-ci dit : bien volontiers, à condition que tu me prêtes Monk (qui commence à bien se vendre, naturellement). Et Monk, il veut Coltrane sur son disque, mais pas question de retourner chez Prestige. Alors ils se rencontrent un peu comme des amants, en douce. Leurs amours musicales feront des enfants illégitimes dans le monde du disque : une session d'un seul morceau, *Monk's mood*, que l'on retrouve presque incidemment dans son album entièrement en solo, « *Himself* ». Une autre avec Hawkins et Gigi Gryce, c'est « *Monk's Music* », mais le nom de Coltrane n'est pas mentionné sur la pochette originale. Discret, discret... Et enfin une dernière en quartet sortant chez un label sous-marin, Jazzland, qui ajoutera par la même occasion à cet album des petits joyaux de la session avec Hawkins : ceux où Coltrane est tellement bon que je me demande si Keepnews n'osait pas les sortir sur Riverside, de peur d'attirer un peu trop l'attention...

En outre, il existe une bande enregistrée en direct au Five Spot par Naima Coltrane, d'assez mauvaise qualité, et qui est sortie récemment chez Blue Note. Mais qu'importe la qualité quand on voit comment les choses se passaient réellement. Paradoxalement, Trane y est un peu moins agressif qu'en studio, et semble laisser une plus grande part au jeu de piano de Thelonious, laissant entendre qu'il y avait beaucoup plus entre eux que ce rapport de maître à élève, d'accoucheur à accouché, et qu'une complicité de musiciens, au cours de ces six mois, grandissait à la mesure du respect que Monk portait à son soliste. Et celui-ci, emporté par l'ouragan de sa dévotion à la musique, retournera à la fin de l'année chez Miles pour y achever une histoire d'amour et d'ambition laissée en friche. Puis ce n'est qu'une fois cette page tournée qu'il s'envolera, toujours plus près du soleil, pour accomplir le destin qu'on lui connaît.

Pour laisser la place à Johnny Griffin. Le vieux copain de 1948, le quatrième mousquetaire du trio infernal Bud-Elmo-Monk. En 57, le voilà chez Art Blakey et ses Jazz Messengers. Et justement, en mai de cette même année, Blakey invite sur le label pour lequel il enregistre, Atlantic, son vieux copain Thelonious. Chaleureuses retrouvailles entre Monk et Griffin, qui brille de mille feux à cette occasion. Comment donc s'étonner qu'au départ de Coltrane fin 57 c'est lui qui prenne la suite ? Le plus drôle, c'est que par un hasard des destins et des rencontres, j'ai l'impression que Griffin constitue justement la combinaison médiane entre Newk et Trane. Il a le son râpeux, le lyrisme traditionnel et instinctif du premier, et toute la fougue inassouvie du second. L'autorité de l'ours et la fureur du lion. Johnny Griffin, *the Little Giant.*

Là encore, comme avec Rollins, il y a entre les deux musiciens une amitié que les années n'effaceront pas ; on retrouvera d'ailleurs Griffin dans le grand orchestre que Monk emmènera avec lui en Europe en 67. Mais là où Coltrane est sérieux, fouillé, Griffin, lui, est carrément jubilatoire. Lui non plus, on ne peut pas l'arrêter, mais c'est sans doute parce qu'il s'amuse trop pour penser à abréger ses interventions. Il aime Thelonious, et ça s'entend. Il aime s'ébattre à l'intérieur de ces morceaux qui défient son habileté d'improvisateur.

Et puis surtout, c'est avec Griffin que Monk ouvrira la voie des albums « live », qui se succéderont en grand nombre longtemps après le départ du saxophoniste. Car de Thelonious, nous ne connaissions jusqu'à présent que ce que les producteurs de Blue Note, de Prestige ou de Riverside avaient bien voulu nous laisser entendre. On a beau savoir qu'avec Monk les albums enregistrés en studio ne sont la plupart du temps constitués que de premières ou secondes prises, il y a un travail de finition, de coupage et de collage que seul un fin auditeur pourra identifier. L'impossible *Brilliant corners* avec Rollins, rappelons-le, est constitué de plusieurs fragments empruntés à des prises différentes, dont aucune n'était suffisamment satisfaisante pour qu'elle figure en entier dans l'album. Un tel procédé pourra aussi être utilisé pour des enregistrements en direct, puisqu'ils se retrouvent fatalement sur une table de montage avant le pressage du disque. Cependant, la moindre qualité de la prise de son, ainsi que la présence d'un public qui interdit tout simplement aux musiciens l'erreur flagrante réclamant une autre prise, font que l'ingénieur du son utilisera avec plus de parcimonie les fameux ciseaux courbés avec lesquels on coupe les bandes magnétiques pour recoller les bouts entre eux. Je suis sincèrement désolé de décevoir les néophytes en leur apprenant que tous les disques ne sont pas enregistrés en une seule prise. De nos jours, grâce aux techniques de montage digital, certaines œuvres classiques comprennent plus de trois cents coupures à l'intérieur d'une seule interprétation ! Le jazz n'en arrive pas à ces extrémités, mais quand même : une petite intro par-ci, un interlude par-là, et on a vite fait d'effectuer sur l'équivalent d'une séance une demi-douzaine de petits coups de bistouri, véritable chirurgie plastique du monde du disque. Le nez du morceau est un peu proéminent ? On le rabote. Il manque de fesse ? On en rajoute. Une oreille plus grosse que l'autre ? On égalise. Précisons cependant que cette technique de montage, associée à l'apparition de l'enregistrement sur bande magnétique, vivait à l'époque ses premiers jours, et n'était dans le cas du Monk des années 50 utilisée qu'avec parcimonie.

Bref, pour en revenir à Griffin, c'est lui qui entame la série des albums « live ». De nos jours, un tel enregistrement se fait le plus souvent de la façon suivante : on prend un club ou une salle de concert où l'orchestre joue le même répertoire plusieurs jours de suite, on amène un camion, on fait tourner la bande pendant tout ce temps, et on prend la meilleure version de chaque morceau, selon les jours, pour en faire un disque. À l'époque, on savait très bien comment faire pour retransmettre un groupe en direct ; à la radio, ils faisaient ça depuis des années. Mais pour enregistrer des disques, c'était un peu différent. Norman Granz avait lancé l'idée avec ses Jazz At The Philharmonic après la guerre, mais le procédé pouvait être encore perfectionné, et puis l'équipement coûtait cher. Alors pour faire un album de quarante minutes, on plantait les micros pendant une nuit et l'orchestre jouait plusieurs fois dans la soirée le même morceau, de façon à avoir une prise correcte de chacun d'entre eux. Rudimentaire, assez frustrant pour l'auditoire, mais plutôt efficace. La grande époque du « live recording » était née.

N'oublions pas qu'il y avait jusqu'à présent une grande différence entre la musique que l'on entendait en disque et celle que l'on pouvait *voir* en club. Non en qualité, mais tout simplement en durée. Et cela veut dire beaucoup de choses. Revenons donc un peu en arrière. Lorsque Monk enregistre pour Blue Note en 47, il n'existe alors qu'un seul format commercial de disque : le fameux 78 tours. Trois minutes pour les 25 cm ou quatre minutes et demie pour les 30 cm. Trois minutes. Le temps d'un round de boxe. Il paraît que les boxeurs professionnels ont une durée de concentration intense de trois minutes, après quoi leur esprit commence à se relâcher. Ils ne sont pas les seuls, loin de là. Le monde entier est calé sur trois minutes. Encore aujourd'hui, les chansons de variétés font autour de trois minutes. Non parce que les disques sont trop courts, le disque compact peut durer une heure dix-huit. Mais tout simplement parce que l'esprit des gens a tendance à se balader, au bout de ces fameuses trois minutes. Et il peut s'en passer des trucs, en cent quatre-vingts secondes. Au-delà, on renâcle un peu, on bat la campagne, on commence à brouter l'herbe du champ voisin, et de fil en aiguille on ne fait plus attention à rien. C'est donc pendant ces trois minutes (parfois quatre et demie) qu'on va entendre tous les chefs-d'œuvre du jazz jusqu'à la fin des années 40.

En fait, c'est très bien, ce format pour des petits orchestres de jazz. Une introduction (entre cinq et dix secondes), un exposé de thème (pouvant aller jusqu'à une minute pour les tempos lents), deux-trois solos (une minute trente maxi en tout), et tout le monde à la maison avec le dernier thème (ce qui reste). Pas le temps de s'ennuyer, avec un format comme ça, il y a un peu de tout pour tout le monde : de jolies mélodies, de beaux solos bien envoyés, un panaché de tous les instruments, que demande le peuple ? Pour Monk, c'est plus qu'il ne lui en faut : ennemi depuis toujours du bavardage, il s'accommode aisément des exigences de rigueur d'un tel support. Il a largement le temps de surprendre l'oreille un bon nombre de fois. Plus, ce serait trop !

Puis très rapidement, dès 48, survient le microsillon. Columbia et Capitol déposent respectivement les brevets du 33 tours de dix pouces (25 cm) et le 45 tours de 7 pouces (17 cm). Les durées d'enregistrement sont multipliées par cinq. Ce qui ouvre des perspectives somptueuses : on va pouvoir enregistrer des œuvres de musique classique d'un seul tenant, sans être obligé de changer la galette toutes les quatre minutes et demie. Quant au jazz, il va pouvoir proposer des formats plus variés, des solos plus longs, des approches plus complexes. Principe élémentaire qui ne sera jamais démenti : nouvelle technologie, nouveau jazz. Maintenant, plutôt que proposer de petites vignettes de musique (un peu de sax, un peu de trompette, par ici messieurs dames, attention à la marche), les nouveaux formats vont permettre d'aller plus en profondeur et s'accorder à une image du jazz plus sérieuse, plus aboutie.

Dès le milieu des années 50, il n'est pas rare d'entendre des morceaux de six minutes, voire dix. Prenons par exemple cette session que Miles Davis fit pour Prestige avec Monk au piano, le jour de Noël 54. Premier morceau : *Bag's groove*, 11'06". Onze minutes et six secondes ! Rien que ça ! On prend ses aises ! Chacun prend tout son temps, je peux jouer encore une grille vous croyez ? Je vous en prie cher ami, c'est un plaisir pour moi, trop aimable. Quelques années auparavant, pour le même temps, on en serait déjà au quatrième titre !

Quelques artistes ont donc sauté sur l'occasion, et ont tout de suite tiré parti de ces nouvelles possibilités : Duke Ellington, Miles Davis, Horace Silver, etc. Monk, les nouvelles techniques, il s'en fout. Comme sa musique a déjà trois mille ans, ce ne sont pas quelques minutes de plus qui vont faire la différence. Alors avant 57, à quelques rares exceptions près, il va circuler autour des cinq minutes qui lui sont parfaitement suffisantes pour dire ce qu'il a à dire. Des vingt minutes supplémentaires que lui offre l'invention du microsillon, il n'utilise donc le plus souvent qu'une minute seulement. Deux exceptions remarquables : le *Just you, just me* de 56 et surtout l'inénarrable *Friday the 13th* avec Rollins (Prestige, 1953), composé sur un coin de piano puis immédiatement enregistré un vendredi 13. Jour spécial, morceau spécial : cette pièce est la plus longue qu'il ait jamais enregistrée jusqu'à ce jour, 10'31", mais également la plus courte qu'il ait jamais écrite. Une mélodie de quatre mesures, en boucle. Pour improviser : quatre accords sur deux mesures, en boucle aussi, bien sûr. *Ad infinitum.* Monk illustre ainsi le paradoxe qui veut que l'infiniment grand se comprenne dans l'infiniment petit. Cela résout le problème de la durée d'une façon inattendue, mais éblouissante (en plus, c'est exactement comme cela que je m'imagine un jour de poisse, un vendredi 13 : un disque rayé qu'on n'arrive pas à changer).

Tout ça pour dire que Monk n'utilise le « grand format » que très rarement. Ce n'est que fort tard, fin 56 pour être exact, avec l'enregistrement de l'album « *Brilliant Corners* », que le pianiste se résout à se laisser aller sur l'ensemble d'un album, avec des 8'50" (*Pannonica*), des 7'46" (*Brilliant corners*) ou même des 13'24" (*Ba-lue Bolivar ba-lues-are ba-lue*). Prêt à plonger dans le monde interminable de l'enregistrement en direct. Mais si jusqu'à présent les morceaux étaient longs, c'est parce qu'ils appliquaient, à quelques exceptions près, des règles d'exécution simples mais rigides : un thème, des solos de taille identique pour chacun des solistes (une ou deux grilles d'accords), quelques échanges éventuels avec la batterie, un dernier thème, et au dodo. Et quand les morceaux dépassaient les cinq minutes, eh bien ma foi, c'est parce que la grille de solos était plus longue que d'habitude, on n'y peut rien. On reste malgré tout à l'intérieur d'un format qui vise la concision. Mais tout change avec le microsillon ! La différence de durée entre le concert radiophonique, la soirée en club et le disque est définitivement abolie ! On n'arrête pas le progrès ! Le concert à la maison, le disque dans le club, multimédia interactif ! On n'y comprend plus rien !

Et puis, une fois ce lièvre débusqué, c'est toute une famille qui sort du terrier. Car quelle différence *de principe* peut-il bien y avoir entre un album live et un enregistrement de studio ? Il s'agirait de la même chose ? De la même musique ? La présence d'un public altérerait la façon dont joue un musicien ? Ou serait-ce l'environnement du studio qui permet certaines choses que le « live » ne permet pas ? Pour savoir, il faudrait examiner en détail les conditions de ces deux types d'enregistrement... Faisons donc un peu de tourisme et suivons Monk en studio.

À l'initiative d'un producteur, une journée a été décidée pour enregistrer des titres. Une heure est donnée, et les musiciens arrivent en désordre avec plus ou moins de retard. Puis arrive Monk. Là, ou bien l'orchestre va enregistrer des morceaux qu'il a déjà joués, ou il y aura de nouvelles compositions. Avec Monk, on ne sait jamais. Il explique en deux-trois mots le morceau qu'il veut jouer, puis l'exécute au piano. Basse, batterie et saxophone lui emboîtent le pas. Faut-il faire tourner la bande, se demande le producteur, est-ce que l'enregistrement a commencé sans que je m'en rende compte ? Ça y est ? On peut enregistrer ? C'est une prise ou une répétition ? O.K., on peut y aller, attendez, je rembobine... Pendant ce temps-là, le saxophoniste rajuste son anche, essaie deux ou trois phrases, le bassiste accorde sa basse puis s'entraîne à jouer un enchaînement un peu difficile du pont. Attention, ça tourne... On prend le morceau une première fois. Mais on s'arrête au bout de huit mesures, car Thelonious a une idée en tête sur la façon dont l'introduction doit se dérouler, et qui n'est visiblement pas claire pour les autres musiciens. Ah, d'accord, on joue deux fois le A, O.K., on peut y aller. Attention, ça tourne... Deuxième prise. On joue jusqu'au bout. La dernière note éteinte, une voix dans le casque : elle était bonne celle-là, vous voulez l'écouter, ou on en refait une tout de suite derrière ? On la refait. Attention, ça tourne... Troisième prise. Pas mal. Un peu moins bien que la deuxième, mais plus en place pour le thème. On en refait une autre ? Non, ça suffit, je crois qu'on a ce qu'il faut. O.K., c'est quoi, le nom du suivant ? Attention...

En studio, on rentre progressivement dans la musique, on peut tripoter un peu son instrument, chercher des idées avant de faire tourner la bande (il y a comme ça une version chez Riverside d'un *Round midnight in progress* particulièrement éloquente). Tout d'un coup, on sait qu'on va enregistrer, mais on franchit le pas en douceur, tranquillement. Un peu comme les oreillers qu'on tapote avant de se coucher. En « live », en revanche, on n'a pas vraiment l'occasion de se chercher, il faut tout donner tout de suite. Trois, quatre. Tant pis pour les petites imperfections, tous au turbin, il faut que ça sonne bien. Se méfier, aussi, parce qu'on peut jouer devant un public très enthousiaste, ce qui peut être souvent vicieux : on se pousse alors à son extrême limite, et là, si on ne fait pas attention, on passe en force, et on écrase quelques pieds...

On voit donc que la simple attitude d'un musicien par rapport à sa musique est tout de même modifiée de la scène au studio. Dans le cas de Monk, encore une fois, on ne peut pas vraiment dire que cela l'affecte particulièrement. C'est le gros caillou, Thelonious, il fait le dos rond. Le monde a beau tourner autour de lui, il ne bouge pas, quoi qu'il arrive. Mais c'est tout de même à travers l'enregistrement live qu'il va trouver un format standard, confortable, entre cinq et huit minutes, libéré des exigences tyranniques de la galette de 78 tours. Finis les petits joyaux de quatre minutes agglutinés les uns aux autres sur des compilations étonnantes. Finies les petites mises en forme radicales et précises, les demi-solos, les droite-gauche qui laissent un peu sonné. L'espace reprend ses droits. Des solos entiers sans accompagnement de piano. De longues approches au clavier, du travail dans la durée : le même riff martelé longtemps, longtemps...

C'est donc à ce moment que Keepnews, que le départ de Coltrane arrange plutôt pour des histoires contractuelles, décide de planter les micros sur la scène du Five Spot, et d'inaugurer pour Monk le système des enregistrements live. Griffin est donc condamné à l'enregistrement en direct. Ça tombe bien, car il y excelle. Et je vois le pianiste et le saxophoniste un peu comme sur un ring : le grand prêtre du bebop contre le petit géant. Glace contre feu, filet contre trident. Les gladiateurs du jazz. En fait, c'est même du catch à quatre, parce que Roy Haynes et Ahmed Abdul-Malik ne restent pas sagement dans leur coin, loin de là. Et tout le groupe s'empoigne à qui mieux mieux pour swinguer plus dur, plus fort, plus longtemps. Comme si après l'ouragan Coltrane, dévastant tout sur son passage, le groupe s'efforçait de se rassembler, de recoller les morceaux. Comme ça pendant tout l'été 58.

Précisons enfin qu'une session d'enregistrement en studio était prévue avec Griff en février de la même année. La catastrophe que fut cette séance est pour ainsi dire exemplaire. Il faut déjà noter que le seul morceau enregistré, *Coming on the Hudson*, compte parmi les compositions les plus traîtres que Monk a jamais écrites : une mélodie en cinq mesures, un pont en trois mesures et demie, ça ne courait pas les rues à l'époque. Malgré la bonne volonté de Griffin, tout le monde nageait en plein pastis ; d'autant plus que Thelonious lui-même bouffait, toujours au même endroit, deux temps dans son solo, ne faisant bien sûr qu'accroître la consternation générale. Les dieux de la musique, plus connus sous le nom de *gremlins* lorsqu'ils empêchent le bon déroulement d'une séance, avaient dû s'opposer en masse à ce projet : ni Blakey ni Rollins, qui étaient censés venir ce jour-là, ne donnèrent signe de vie, et le piano sur lequel Monk jouait s'effondra, un de ses pieds cassé, après la première prise du premier morceau. Cela suffit à Thelonious, qui savait lire les oracles, et il retourna se coucher.

9

En pied

Quand Griffin quitte fin 58 le groupe de Monk pour retourner à Chicago où vit sa famille, Thelonious est donc un personnage *en vue*. Son apparition depuis un an en club a permis à tous les amateurs de jazz de se familiariser avec ce pianiste étrange, dont l'imposant aspect frappe vivement l'imagination. L'entendre, passe encore, mais le voir ! Quel spectacle ! Quel homme !

Rien que son nom pose déjà les distances. Comme tous les gens déterminés, qui donnent l'impression d'avoir une bonne raison pour tout ce qu'ils font, Monk porte son nom comme ses chapeaux, en toute confiance. Il y renvoie souvent dans ses compositions : *Monk's mood, Monk's point, Blue Monk, Monk's dream,* ou plus indirectement *Oska T* (transcription phonétique de Ask for T), *Blue Sphere,* ou encore *Thelonious.* On a l'impression que tout comme César se conjuguant à la troisième personne, Thelonious se montre du doigt avec affection et ironie. Et toute la mythologie du monde du jazz rentre ici en scène. Parce que entre eux les musiciens se donnent des surnoms : Satchmo, Bird, Diz, Trane, Bags, Bean, Prez, Newk. On est rebaptisé par le milieu, en quelque sorte. Un deuxième certificat de naissance. Et le bon, celui-là : y a-t-il beaucoup de gens à savoir que Duke Ellington avait pour prénoms Edward Kennedy ? Mais quand on a un nom taillé sur mesure comme Monk, pas besoin de chercher plus loin. Il est né tout cuit, Thelonious. Pas de baptême du feu, tout de suite sous son nom de scène. On ne peut pas l'appeler autrement que Monk, ou Thelonious, ou T (prononcer Tea ; c'est souvent la coutume de ne prononcer que l'initiale du prénom : *ask for T*).

De plus, la signification de ce nom commun renvoie à une dimension mystique, à un style de vie, à un décor tout à fait particuliers. Le moine (et non pas le prêtre, l'apôtre ou l'ermite) est une figure très picturale, éveillant à la fois le respect et l'amusement. Un moine, c'est plein de contraires marrants : seul mais en groupe, sérieux mais truculent, pauvre mais bien nourri, chauve mais barbu. Miles avait un prénom qui fut décliné à loisir dans sa carrière, soit par jeu de mots, soit par assonance : Milestones, Miles ahead, Miles smiles, etc. Monk, lui, ne joue pas sur l'ambiguïté du sens de son nom, elle est comme accessoire. Elle ne renvoie pas à un objet autre que lui. Pourtant, d'un point de vue strictement sonore, son nom semble universel ; tout comme Kodak, que la compagnie Eastman choisira pour la facilité qu'on a à le prononcer dans toutes les langues, le nom de Monk est fait pour être scandé partout dans le monde avec une égale aisance. En revanche, pour dire Thelonious, même les Américains doivent s'accrocher... Étrange combinaison d'un nom universel, et d'un prénom singulier... Voilà qui dépasse, et de très loin, la simple tentation du calembour... On se souvient que lorsqu'on lui proposa de faire la couverture du disque « *Monk's Music* » en robe de bure, il refusa catégoriquement : il venait d'acheter un très beau costume à deux cents dollars et ne voyait pas pourquoi il devrait faire le clown dans un sac de toile avec un cordon de rideau. Monk, c'est Monk. Pas besoin de se casser la tête pour lui trouver un surnom, et si Thelonious ne suffit pas, eh bien, le bon Dieu et sa famille, dans leur infinie largesse, lui en ont donné un autre : Sphere. Ça ira comme ça.

Physiquement, Thelonious mesure un bon mètre quatre-vingt-cinq, tournant à cinquante ans autour des cent kilos, et si je dis tournant c'est parce qu'il est bien enveloppé et qu'il ne se refuse pas de temps en temps une petite rotation sur lui-même quand il veut marquer sa satisfaction. En vieillissant, Monk s'arrondit, harmonieusement, méritant ainsi sur le tard son deuxième prénom, Sphere. Les alluvions de l'âge lui donnent incontestablement une écrasante et circulaire autorité. Il y a ceux qui vieillissent secs, comme Hank Jones ou Art Taylor, gros, comme Mingus, hantés, comme Mal Waldron, ou jamais, comme Herbie Hancock. Monk, c'est sans conteste le patriarche. Même si de sa vie il n'a sans doute jamais donné un coup, devant lui, on s'écrase. On a longtemps monté en épingle le fait que Miles, durant cette fameuse séance Prestige de Noël 54, aurait demandé à Monk de ne pas l'accompagner pendant le solo de trompette. Thelonious se serait fâché, et aurait pris Miles à partie. D'abord, cela ne lui ressemble pas du tout, et puis, comme le dit le trompettiste dans ses Mémoires, il aurait fallu être fou pour chercher des crosses à Thelonious ! Il remplit la pièce et puis c'est tout. Il a un torse large, un vaste dos, une carcasse qui peut prendre sur elle des tensions et des poids remarquables. Deux jambes solides, bien d'aplomb sur des pieds un peu ouverts vers l'extérieur, toujours impeccablement chaussés. Le mec taillé pour durer.

Quand on le voit, on pense gros lourd, le nounours, pas très vif. Mais attention à la vitesse ! Tous ceux qui jouent au ping-pong avec lui s'en mordent les doigts ! Il est sur tous les échanges, de tout son poids, et imprime à la balle une trajectoire aussi absurde mais efficace que le mouvement qu'il déploie pour l'atteindre ! Ce n'est plus du tout Nounours, c'est Spiderman ! Redoutable aussi au billard, qui demande un parfait contrôle de son poids. Fin conducteur, quoique fin ne soit pas le mot. Il donne même de suantes frayeurs à ses passagers, car sa conduite est imprévisible et son inertie trompeuse. Il brûle des feux rouges, dérape dans la neige, écrase les freins pour s'arrêter (mais il aura tout de même un accident de voiture suffisamment sérieux pour l'envoyer à l'hôpital en 57). Sur scène, il paraît un peu empoté. Mais quand il est content de la musique qui se joue, le voilà qui se lève du piano pendant le chorus de saxophone, contourne son instrument et se met à danser pour la plus grande joie de ses fans. Il marche à petits pas et tout à coup l'extrémité de son bras acquiert une vie autonome, en un instant il pèse deux cents kilos, il est irrésistiblement attiré vers le sol, mais non, cela n'a duré qu'une seconde et maintenant c'est son pied qui échappe à la gravitation et s'élève, haut dans l'air, libre comme un ballon, mais il ne se soulève en fait que de quelques centimètres. Personne comme Monk ne fait sentir l'équilibre avec autant de poids : à chaque instant, il semble vouloir modifier les lois de l'attraction universelle. Une sorte, si j'ose dire, de *dansité*. Et quand vient son tour de jouer, il se précipite vers le piano, comme s'il avait oublié une casserole sur le feu, pour se lancer dans les premières notes de son solo. Une fois assis, il joue, il joue, et sa musique continue à danser, avance, retarde, fait des cabrioles, il ne va jamais arriver à temps pour la coda, eh bien si, et même emporté par son élan, le voilà qui déboule sur la conclusion avant tout le monde, ce n'est pas possible, il va arriver tout seul en premier, mais non, c'était pour rire, et il franchit la ligne d'arrivée avec les autres, prenant soudain ses aises, avec, au-dessus de sa tête pen chée avec une attention curieuse sur le clavier, un énorme clin d'œil à l'adresse de ses compères.

C'est presque attendrissant de le voir bouger comme ça. Il flotte, il navigue, il louvoie. Il ne se cogne pas contre les micros, il ne se prend pas les pieds dans les fils, rien de malhabile, juste une autre vision de l'équilibre, tout aussi valide que la nôtre, mais plus malicieuse, plus ludique

Et toujours bien sapé avec ça. Avec un goût très sûr, dès qu'il commence à gagner un peu d'argent, Thelonious est toujours tiré à quatre épingles. Beaux costumes, belles chaussures, beaux manteaux, belles étoffes, on dirait qu'il est né dedans. Pour quelqu'un qui n'est *pas* né dedans, c'est encore plus remarquable. Il reste souvent enveloppé dans tous ses vêtements, lorsque les autres sont en bras de chemise. Toujours un peu en visite. Prêt à lancer un bon mot, parfois cryptique, toujours drôle.

Et puis il y a ses chapeaux. Ils n'ont pas fini de faire couler de l'encre, ses chapeaux. Il faut dire qu'il y attachait un soin particulier. Il en a une grande collection, acquise au cours de ses voyages : des ovales, des ronds, des pointus, des feutrés, des poilus, des brillants, des moulants, tout pour la tête. Depuis toujours il porte ses incroyables galures, depuis les premiers jours du bebop, où Dizzy lui disputait le premier prix du béret et des lunettes. À cette époque, on était « hip » ou on n'était rien. Il fallait rester branché, et un chapeau bien choisi est la meilleure façon de commencer. Il fallait penser moderne, c'était très important pour Monk, d'être moderne, et il le disait souvent à ses débuts chez Blue Note. Et quand on se visse des trucs pareils sur le crâne, je suis sûr que ça finit par influencer la façon de penser.

Car c'est quand même un genre d'accent circonflexe sur toute une personnalité qui, quand on connaît celle de Monk, mérite le détour. Le reste de son habillement est toujours classique. On est bien loin des débauches d'originalité que développeront Miles ou Roy Haynes. Non, là, il n'y a que le chapeau qui rehausse de façon paradoxale l'extrême rigueur de son apparence. Rien qu'avec ça on tient déjà une évidente métaphore : dans la tradition jusqu'au cou, mais jusqu'au cou seulement, car au-dessus, c'est du 100 % Thelonious, et le chapeau est là pour le rappeler. Il insiste sur le fait que c'est dans sa tête que les choses se passent. Son truc, ce ne sont pas les montres, les bottes en croco ou les cravates en toile de maître, c'est la tête, le chef, la tronche, la matière grise, les petites cellules modernes. Il dérange avec ses chapeaux, on se dit qu'est-ce que c'est que ça, voyons voir un peu. Lors de sa première venue à Paris en 54, une caricature dans un Jazz-Hot de l'époque le représente sous les traits d'un sphinx. L'énigme. On ne comprend rien. Sous le vide, le sens. On réfléchit. Et son chapeau semble nous dire : Allez-y, allez-y, écoutez, creusez-vous un peu la tête, il se passe quelque chose d'intéressant, ici.

Ça demande beaucoup de quant-à-soi, un chapeau. Il faut bien le porter, sinon on a vite l'air idiot. Et Monk assume sans faiblir. J'irais même jusqu'à dire que ce chapeau confère une dignité inhabituelle à l'exécution de sa musique. Quand en 1971 il participe à cette tournée « all stars » montée par George Wein avec Blakey, Al McKibbon, Sonny Stitt, Dizzy et Kai Winding, il tient pour la première fois depuis fort longtemps le rôle de l'accompagnateur, et il ne porte plus de chapeau : il n'est plus le chef, donc plus de couvre-chef. Soit dit en passant, cela me brise le cœur de le voir sur les photos de cette tournée sans rien sur la tête, quasiment à poil. C'est comme si on lui avait retiré ses galons, à Thelonious. Plus de chapeau ? Ce n'est pas sérieux ! D'ordinaire, avant chaque concert de Monk, un frisson parcourait l'audience : qu'est-ce qu'il va mettre aujourd'hui ? Et puis il apparaît sur scène, et ça crépite de joie dans la salle, autant pour lui que pour son chapeau. Et voici qu'à la fin de sa vie il ne joue plus... plus rien sur la tête... et avec une longue barbe dont le centre blanchit en dégradé... Plutôt déprimant, non ?

Contrairement au képi, dont l'usage s'applique à gommer sur le visage qui le porte toute velléité d'individualisme, et à écraser ainsi l'homme sous sa fonction, le chapeau produit sur Thelonious un effet inverse. Je me demande même si, au faîte de sa renommée où tout le monde « avait entendu parler de lui », on ne le reconnaissait pas grâce à son chapeau, plutôt que malgré lui. Le plus fort, c'est qu'il en change sans arrêt, mais on sait tout de suite que c'est lui. Certains musiciens aiment bien figer leur image publique en une silhouette immuable, comme Gato Barbieri avec ses lunettes et son inévitable galurin à larges bords. Mais ça, c'est du marketing, du logo, c'est pour qu'on voie plus vite la pochette du disque dans le bac à 33 tours. Monk, c'est différent : jamais deux chapeaux identiques : pareil à lui-même, toujours il change. En fait, ce n'est pas un chapeau qu'il a sur la tête, c'est une idée de chapeau.

Et ça lui fait chaque fois un visage différent. Il peut être impérieux, avec une sorte de chapka en phoque. Pensif, avec un petit taupé de chasseur, comme sur la couverture de *Time Magazine.* Insondable, avec la coiffe vietnamienne en paille. Mystique, sous sa galette en soie chinoise. Débonnaire en casquette. Hébété, sous une sorte de panama blanc. Tout sourire, en béret. Son expression peut être profondément absente, comme si toute son intelligence s'était retirée au fond d'elle-même. Ou il peut arborer une mine d'enfant réjoui, d'une innocence qui vous assaille de bonheur. Ou encore malicieuse et il avance le menton, l'air de vous jouer une bonne farce. Parfois un éclair de son regard plonge ses proches dans un malaise embarrassant. Thelonious n'a pas ce qu'on appelle un visage mobile, et il pratique souvent le demi-sourire. Il n'accompagne pas d'habitude ses paroles d'un haussement de sourcils, d'un penchement de tête, d'un mouvement de bouche, tous ces petits indices qui soulignent la signification de ce que l'on dit, et qui font que les étrangers comprennent l'italien sans le comprendre.

Monk laisse plutôt les mots tomber de sa bouche, très pince-sans-rire.

Il a un nez plutôt large et épaté, des lèvres épaisses et un menton prognathe. Son visage est charnu, et son teint est d'un noir sombre. Ses oreilles sont remarquablement petites et finements ourlées. A priori ni beau ni laid, il ne se distingue dans une foule que par l'extrême intensité de sa présence : il irradie, il commande. Quand il est sur scène, il ne parle même pas à ses musiciens, pas la peine, tout est dans la musique. Thelonious laissait souvent le trio sax-basse-batterie jouer tout seul pendant de longues périodes. Il dansait quand la musique était bonne, ou se retirait quand elle lui semblait manquer d'attrait. Il fallait garder une intensité constante sur scène, sinon, Monk, il ne revenait pas ! Allez, allez, du nerf ! Art Taylor aimait à raconter l'histoire du concert qu'il fit un soir avec Thelonious et qui se passait tellement bien qu'au milieu d'un morceau, emporté par la fièvre générale et de peur de ne pas pouvoir prendre de solo à un moment aussi excitant, il cria à Monk : Hey, T, laisse-m'en un peu ! Le pianiste imperturbable continua de jouer et, par sa seule autorité, conclut le morceau sans accéder à la requête du batteur. Sans doute ébloui par la musique qui se jouait au point de perdre tout jugement critique, Art Taylor avait dû accélérer ou ralentir un peu le tempo, mettant en péril le reste de l'orchestre. La réponse de Monk à Art se passait donc de commentaires. Mais pour marquer le coup — il le faisait rarement — il s'avança au micro et, une fois les applaudissements éteints, dit d'une voix solennelle :

— Et maintenant, notre batteur voudrait prendre un solo.

Comme quoi, si on se laisse aller, avec lui, ce n'est plus drôle, et il ne veut plus jouer. Et si ça ne va vraiment plus, alors il s'assoit au piano et reprend les choses en main, en quelques notes, le tempo glisse imperceptiblement là où il devrait être. Sous les décharges de ses accords à 500 volts, l'orchestre s'électrise à nouveau. Sur scène, dans la vie, émane de lui une irrésistible puissance directrice, qui se passe aisément de mots. Il croit au silence, Monk. Dans sa musique, dans la vie, partout.

Souvent le silence est synonyme d'absence, de vide. Il faut gueuler pour exister. Quand on ne dit rien, c'est qu'on ne pense rien. Certainement pas chez Thelonious. Dans les petites classes de musique, où des gamins de quatre ans apprennent à chanter ensemble, le plus dur travail de l'éducateur consiste à faire comprendre à l'enfant que, quand il ne chante pas, la chanson continue d'avancer, en rythme, et que le silence n'est pas une suspension, mais une réserve. Une réserve de souffle, d'idées, de musique. Monk, il croit à cette réserve, inépuisable, du silence. Il *entend* la musique autant qu'il la joue, et il n'y a pas beaucoup de musiciens dont on puisse dire cela. Alors pourquoi parler dans la vie ? C'est un luxe ! Il a un petit tourne-disque dans la tête, et ça joue tout le temps, là-dedans. Et puis on peut s'observer, se sentir, s'entendre, sans avoir à ouvrir le bec ! Hank Jones raconte qu'il a fait un trajet de six heures avec Monk et Bud assis côte à côte. Ils n'échangèrent pas un mot de tout le voyage. Arrivés à destination, chacun se dirige vers sa loge et, au moment de se quitter, Bud dit à Thelonious : *Nice talking to you.* Content de te causer ! Typique ! Ils n'avaient pas besoin de se parler, ces deux-là, tout passait par ailleurs...

Il n'y croit pas, aux mots, Thelonious, ils changent trop vite, à peine sortis de la bouche ils s'évanouissent ; c'est très futile, un mot, ça fout le camp dans tous les sens et il sera demain le contraire d'hier. C'est pour cela que tous les mots de Thelonious sont des *bons mots* : ce sont des mots qui ne croient pas en eux-mêmes, ce sont des mots drôles, instantanés, qui plongent du même coup dans l'essentiel, puisqu'ils réfutent le sens qu'on leur prête habituellement. Je devine chez Monk une sorte d'Héraclite, qui sait que tout change, tout s'écoule, tout est sujet à l'étonnement, au doute. Mais à l'opposé, sa musique, sa certitude, dont il refuse de parler. La montagne contre le fleuve. Monk n'aura pas beaucoup parlé dans sa vie, peu d'interviews, peu de longues conversations, ces mots dont il s'amuse s'écoulent au compte-gouttes de sa bouche. Il les dispense en avare. Vers la fin de sa vie même, il grommelle. Son visage reste presque de bois, il se fige, il devient masque. Seuls les yeux, très blancs, parlent.

Quand il ouvre la bouche, il est le plus souvent d'une désarmante franchise. Il ne s'embarrasse pas des conventions. Il aime bien aller tout de suite au fond du problème. Trop souvent, surtout au début de sa carrière, cette franchise dérange. Certains patrons de clubs n'aiment pas trop ça, pour qui se prend-il, celui-là ? Petit à petit, on s'habitue, c'est Monk, il est comme ça. Et on se rend compte que tant qu'on ne se raconte à soi-même pas trop d'histoires, il n'y a aucun problème à fréquenter Thelonious. Il suffit simplement d'être soi-même.

Car c'est un des artistes les plus entiers que l'on puisse imaginer. Il est complètement dans la musique. Jamais pris au dépourvu, toujours prêt à jouer. C'est un sentiment exaltant, enivrant. C'est l'état auquel aspirent tous les artistes, celui de la communion totale et immédiate avec leur instrument. Pas de scories, de baisses de tension, de séparation de l'objet. Tout ce qu'on touche se change en art. Quand on apprend la musique, les difficultés techniques opposées par l'instrument, la complexité déroutante des rythmes et des harmonies, le trac sur scène sont autant d'obstacles à la jouissance immédiate du musicien. Et quand on aime jouer, c'est qu'on aime jouir. Donc, on apprend. Et puis parfois, pour certains musiciens, le déclic se produit, et ils atteignent la tranquille certitude du beau, du vrai. L'adéquation parfaite entre l'effort et le résultat. Pas de frottement, de mouvement inutile, de frustration passagère. La musique s'écoule à travers eux avec une fluidité exemplaire. Les grands musiciens sont souvent de grands calmes, car ils ont la connaissance quasi mystique de l'énergie. Et ça, c'est grisant. C'est complètement mégalo, alchimique : ils transforment un objet en musique, du plomb en or. Monk est un grand calme, mais il transporte tellement d'énergie avec lui que c'en est presque inquiétant. Ça vibre autour de lui, ça s'agite, et puis tout s'ordonne subitement quand il pose les mains sur le clavier.

Les mains. Les mains du pianiste, le fétichisme universel des mains du pianiste. Le nez du goûteur, les mollets du cycliste. Pourtant, le pianiste, il joue beaucoup avec ses poignets, son cou, sa respiration, ses coudes. Et puis, il y a ses pieds. Les pieds de Monk, qui attirent fatalement l'attention des cameramen qui le filment en train de jouer. Ils semblent avoir une vie à eux, et ils ressentent sa musique par poussées, par élans. Ils servent à beaucoup de choses, ses pieds : à exprimer toute la tension qui se déchaîne au-dessus d'eux, à enterrer ces sons dans la terre qui les porte, à battre la joie de jouer une musique aussi belle, aussi brute. Mais ce sont les mains qui emportent le pompon. On ne peut pas vraiment dire que Thelonious a des mains de pianiste. Ce ne sont pas les organes merveilleux de Keith Jarrett, par exemple. Ah, les mains de Jarrett ! À la fois souples et noueuses, musclées, déliées, comme un corps d'athlète. Nerveuses. Sensibles, puissantes, artistes. Hésitantes sur le clavier, parfois. Mais d'une façon tellement instinctive qu'elles n'abandonnent jamais la sûreté de leur recherche. Ou alors les mains de Bud : ses fabuleux doigts spatulés qui semblent caresser les touches plus qu'elles ne les frappent, avec le gras du doigt, sans le moindre signe d'effort ou d'usure. Ou Oscar Peterson, avec ses deux immenses mécaniques qui, lorsqu'elles se posent sur le clavier, semblent en couvrir une bonne moitié. Les mains de Bill Evans : parfaitement attentives, pas un geste inutile, toujours près des touches, comme pour en extraire une fine mais constante sève.

Pas Monk. Lui, sa main, c'est une paume qui se divise en cinq, et dont chaque doigt finit par un extraordinaire ongle en pointe, qui semble couvrir à lui seul la dernière phalange, aboutissement presque végétal de cette subdivision. Les ongles ! Les ongles que l'on doit couper en cours d'enregistrement, à Londres en 1971 (« *The London Collection* », Black Lion), à cause du bruit qu'ils font contre le clavier... Ses mains sont étonnamment petites quand on considère sa stature. On prétendra même que sa technique, si éminemment personnelle, trouva son origine dans cette contrariété. Il a même des difficultés à effectuer des dixièmes au piano : c'est à cet intervalle, environ 23 cm d'écartement, qu'un pianiste peut mesurer la largesse avec laquelle la nature l'a traité.

La main de Monk ne semble pas faite pour se fermer en poing et une force invisible semble raidir ces doigts pour au contraire les tendre en pointe. De plus, ils ne s'écartent pas beaucoup les uns des autres, les doigts de Thelonious. Ils aiment bien rester ensemble, on ne sait jamais qui va faire quoi, avec eux. On peut leur coller une cigarette, une grosse bague, un verre de whisky, c'est un peu le râteau, ça ne change pas grand-chose. Du coup, sur le clavier, ça donne des résultats impensables. Un extrait du film *Straight, No Chaser* montre Monk, durant un solo de piano, tirer un mouchoir de sa poche, retirer sa cigarette de sa bouche, éponger son front trempé de sueur (avec toujours la cigarette dans l'autre main), poser la cigarette sur le rebord du piano (où elle brûlera naturellement le bois), puis le mouchoir, le tout en improvisant, mouchoir et cigarette à la main selon les différentes étapes, sur les accords de *Round midnight* ! Il peut tout faire avec ces mains-là !

Ce ne sont pas des mains strictement réservées au piano, des mains frileuses et coquettes, des divas. Avant de frapper le clavier, elles entraînent avec elles un espace, une vie, un vide : BANG ! Le champ d'action des mains de Monk, c'est beaucoup plus que la surface noire et blanche des huit octaves ! D'abord, ce n'est pas une surface, c'est un volume ! Un mètre au-dessus, un mètre à côté, un devant, un derrière ! Debout, assis, penché en avant, encore une fois pas comme Jarrett dont les mains ne quittent jamais le clavier, mais attaquant de très loin, de très haut, comme lui seul peut le faire. Il joue des notes qui doivent peser dans les cent kilos ! BANG ! BANG ! Ou parfois, elles pèsent quelques milligrammes, elles existent tellement peu qu'elles acquièrent le statut, bien connu des copistes, de *ghost note*, de note fantôme qui vient, de temps en temps, hanter le clavier...

Et sur ces mains, des bagues. Parfois une sur chaque, mais toujours celle de l'annulaire gauche, la fameuse bague qui se lit MONK. Pour jouer avec un caillou comme ça, il faut de l'entraînement ! Surtout qu'il en porte souvent une autre au petit doigt de la main droite, un genre de chevalière plutôt mastoc, qui n'arrête pas de se retourner quand il improvise et qu'il tripote distraitement lorsqu'il est embarrassé. À croire qu'il les porte exprès pour s'empêcher de jouer ! Quand on voit débarquer un pianiste qui a des bagues comme ça aux doigts, on se range sur le côté ! Après vous ! Ce sont des mains paradoxales, des mains que l'on croirait grossières, mais qui peuvent, avec une infinie délicatesse, tenir une mouche par les ailes... Des mains qui ne se déplacent pas en vain. Pas fébriles. Pas toujours sûres du résultat, mais pas fébriles.

Parfois, il pique un accord sur le clavier, puis relève aussitôt les bras, comme s'il avait reçu une décharge électrique. Il contemple alors son piano d'un air perplexe avec l'air de dire : Tiens, c'est bizarre, ça sonne monstrueux, ce machin-là. Toujours il les regarde, ses mains. En général, un pianiste regarde droit devant lui, et il peut continuer à jouer quand on éteint la lumière. On parlait de Bud, lui ne regarde *jamais* ses mains. Le clavier, il le sent, il le voit dans sa tête, il le touche, mais il ne le regarde pas. Depuis le temps qu'on l'arpente, ce mètre vingt-cinq de notes, on devrait commencer à le connaître, non ? Monk, lui, essaie des mouvements, croise les bras, écrase une note. Toujours partant pour quelque chose de neuf. On ne sait jamais. C'est quand même incroyable de conserver jusqu'au bout cet étonnement naïf, immédiatement communicatif, devant son instrument. Un peu comme si le piano jouait tout seul. Ou comme s'il le faisait parler de façon imprévisible, même pour lui, en inventant les règles au fur et à mesure. Mais dans cette hésitation même, l'assurance, magistrale. Jamais on n'attrapera Monk à faire ces arpèges en guimauve dont les pianistes sont si friands, qui se finissent à l'extrémité du clavier, et qui les transforment momentanément en harpistes. Il vise toujours quelque chose, tout particulièrement la dernière note d'un arpège. Il est possible que dans le mouvement, une ou deux notes passent à l'as, deviennent des notes fantômes, mais certainement pas la dernière !

Oui, avec Monk, on va toujours quelque part, même si c'est la surprise qui nous attend au bout.

10

Rouse, les big bands

Nous sommes fin 58. C'est à cette période que la musique de Monk va avoir tendance à se solidifier. Ça fait longtemps qu'il pousse, Thelonious. Qu'il essaie des choses, change de maison de disques, écrit de nouveaux morceaux. Il y a des jours où il devait se sentir complètement crevé, le pauvre. La grosse fatigue. Alors maintenant que ça roule tout seul, on a l'impression qu'il desserre un peu l'étau. Pioche dans son ancien répertoire de compositions ou de standards, assoit son style, prend ses marques. Il acquiert de la bedaine.

Et c'est justement à ce moment qu'apparaît dans sa vie un musicien qui lui sera associé de façon continue et exclusive. Ce n'est pas de la collaboration occasionnelle comme avec Art Blakey, par exemple, non, il deviendra un membre permanent du Thelonious Monk Quartet. Un fidèle, un gars dans tous les coups, à une période où Monk joue plus qu'il n'a jamais joué : c'est Charlie Rouse.

Lorsque au début 1958 Monk recommence une longue période d'engagement au Five Spot, c'est donc Griffin qui tient le pupitre de saxophone. Et quand ce dernier doit se faire remplacer à l'occasion pour aller faire ailleurs des concerts plus rémunérateurs avec son propre groupe, il fait ce qu'ont toujours fait et feront toujours les musiciens de jazz : il envoie un remplaçant, un *sub*, pour la soirée. Or, un jour où Griffin s'était absenté, il se fit remplacer par un saxophoniste qui de toute évidence n'était pas à la hauteur. Le lendemain, Monk prit Johnny à part et lui dit :

— Écoute. Si tu dois envoyer un *sub*, tu t'arranges pour que ce soit ou Trane, ou Rollins, ou Rouse. Mais pas un autre.

Surprise de Griff qui ne pensait pas mettre Rouse dans la catégorie des deux précédents. Mais Monk savait ce qu'il faisait. Aussi, quand Griffin retournera à Chicago au cours de l'été 58, ce sera Rollins qui le remplacera pendant quelques semaines, en dépannage. Il passera le mot à Rouse que Monk le cherche, et quittera le groupe peu après pour poursuivre les tribulations de sa quête mystique et personnelle. Rouse raconte qu'il était terrifié à l'idée de jouer avec Thelonious, mais l'offre était trop belle : prenant son courage à deux mains, il s'incorpora au groupe. Pour y rester presque douze ans.

Alors là, on touche à un point assez sensible de la carrière de Monk. Parce que tout le monde, musiciens, amateurs, béotiens, pense naturellement comme Griffin sur le moment. Quand on a vu défiler au cours des ans Sonny Rollins, Milt Jackson, Clark Terry, John Coltrane ou Griff lui-même, eh bien... comment dire... on a l'impression que c'est quand même la classe en dessous. Pourtant, c'est un remarquable saxophoniste. Déjà, rien que pour être prêt à jouer un répertoire aussi tordu que celui de Monk, il faut être une sacrée pointure. Avec le pianiste fou qui jette des clous sous vos pneus, il faut rouler en voiture blindée et avoir des nerfs d'acier. Et Rouse jouera ça comme si c'était de la petite bière. N'oublions pas qu'en studio Monk répétait les nouveaux morceaux succinctement, puis les enregistrait en une, voire deux prises. Pour une troisième prise, il fallait vraiment quelque chose d'exceptionnel, comme quelqu'un qui tousse pendant un solo (quoique encore...). Tout ce que nous connaissons de Rouse en studio avec Monk n'est donc quasiment constitué que de premiers jets. Mais Thelonious nous avait tout simplement habitués à le voir se produire avec ce qui se faisait de mieux dans la galaxie. Avec des types qui eurent une carrière extraordinaire avant et après leur passage dans le groupe du pianiste, de véritables géants.

Cela dit, Monk n'avait pas tiré Rouse du ruisseau. Ce dernier, originaire de Washington, avait en effet débuté dès 44 chez Billy Eckstine, puis était passé entre autres dans les grands orchestres de Dizzy Gillespie et de Duke Ellington, l'octet de Count Basie ou le quintet de Benny Green. Pas mal, comme CV. On peut y lire déjà une préférence pour les *ensembles*, plus que pour la performance individuelle. Sens de l'équipe, pupitre infaillible : c'est du cinq étoiles sans discuter. Car ce n'est pas facile d'être saxophoniste dans un big band. Il faut savoir se fondre avec les autres instruments pour atteindre — ce qui fait les *bons* big bands — un son collectif. Et quand viennent les douze ou seize mesures de solo, il faut dire ce qu'on a à dire vite fait, et rentrer dans le rang avec élégance et cohésion.

Par un hasard discographique, la première occasion qu'on a d'entendre Rouse en enregistrement avec Thelonious est sur le disque « *Live in Town Hall* » (Riverside, 1959), précisément avec grand orchestre. Cela faisait plus de trois mois qu'il s'était joint au quartet de Monk, mais c'est la première fois qu'ils enregistraient ensemble. Et il faut dire que là, il crache le feu, Rouse ! D'ailleurs, en matière de solistes, il est en excellente compagnie : Pepper Adams et sa rugueuse désinvolture, l'énorme poussée, toujours contrôlée, de Phil Woods, la moderne intelligence de Donald Byrd ne l'empêchent pas d'affirmer son style personnel. Il est rêveur, dans sa façon de laisser dégringoler des arpèges anguleux, sans le jusqu'au-boutisme de Trane, tout dans la nonchalance. Inlassable fouineur, quand il s'agit de trouver des petits coins dans les morceaux de Thelonious, qu'il va chatouiller du bout de son anche. Il accumule la tension, s'éparpille, puis d'un seul coup de poignet resserre les rênes, et sort *la* phrase swing, estampillée Washington D.C. Il musarde encore un peu, et hop, retour au swing. In, out, in, out, in, out. Il prend le défi énigmatique de Monk très au sérieux, Charlie. Il propose des voies d'accès nouvelles, des tensions incongrues, des culs-de-sac astucieux.

Et Thelonious, il biche comme un fou. Il n'y a qu'à l'entendre dans « *Five By Monk By Five* » (Riverside, 1959), qui succède à l'enregistrement du big band au Town Hall. Sur *Played twice*, on *entend* même Thelonious qui *écoute* ce que joue Rouse. Parce que c'est encore une sacrée planche de fakir pour improviser, *Played twice*. L'harmonie, la mélodie deviennent des choses très volatiles. Adieu le bon vieux plancher des vaches, comme avec *Straight, no chaser*, ou *Rhythm-a-ning*. Avec celui-là, on est dans l'hyperespace. Pour un soliste, la bonne idée d'il y a encore une seconde se transforme en affreuse fausse note, les toniques se frottent aux septièmes majeures au grand jour, sans pudeur. On a là un sacré champ de mines, et c'est Thad Jones qui le traverse en premier et qui, avec tout le respect qu'on lui doit, ne le passe pas sans y laisser quelques plumes... et deux-trois ronds de fumée... Cela n'a pas dû lui arriver souvent, car Dieu sait si c'est un trompettiste et compositeur hors pair... Mais là, il est tombé sur un os... À entendre cette prise, j'ai l'impression que Monk fait plus de l'encadrement que de l'accompagnement. Mais quand Rouse arrive pour *son* solo, on sent Thelonious qui ouvre tout grand les oreilles. Rouse ne fait pas le coup du *stop chorus* à la Griffin, il ne fait pas la lame de fond de Coltrane, il ne fait pas la grosse voix de Rollins, il fait des zigzags autour du thème, in, out, in, out, toujours au bon endroit, pas un faux pas, et on entend Thelonious, en majordome attentif, qui ouvre et ferme les portes. Dedans, dehors. En prenant son temps. À présent, on entrevoit une tranquille complicité qui pourrait durer des années...

Mais Rouse n'a pas le Gros Son Qui Tue, comme on n'en voit qu'une poignée dans le siècle. Il est tout simplement un excellent saxophoniste. Et chez les amateurs de Monk, il y a deux écoles : ceux qui aiment et ceux qui n'aiment pas Charlie Rouse. En ce qui me concerne, la question ne se pose pas. Rouse ou pas Rouse, c'est vite réglé : si Thelonious a choisi ce saxophoniste, c'est que cela devait être ainsi. On ne l'a quand même pas forcé à le prendre dans son orchestre, il savait ce qu'il faisait... Et puis, j'aime trop sa désinvolture chaleureuse, humaine. Non, la question que je me pose c'est : Pourquoi est-il resté douze ans ? Personne d'autre, et de loin, n'est resté si longtemps chez Monk. Pourquoi lui, pourquoi si longtemps ?

Il y a un début d'explication dans la réalité de l'époque. Pendant sept ans de sa vie, Monk par la force des choses n'a pratiquement pas joué, ou du moins pas autant qu'il aurait dû, vu l'excellence de sa musique. Il avait un concert par-ci, un enregistrement par-là, rien dans tout ça pour pouvoir s'offrir un orchestre régulier. Dans le jazz, c'est chacun pour soi. Du coup, les musiciens qui ne jouent que dans un seul groupe sont assez rares. Il faut vraiment un orchestre qui tourne tout le temps et qui paie bien pour vivre un peu décemment. Alors quand on est *sideman*, on prend ce qui passe, on bouche les trous, on se mélange. Ce qui fait que, quand Monk appelle les copains avec qui il a envie de faire ses quelques concerts ou enregistrements, il y a de fortes chances pour que l'un soit en tournée en Europe, l'autre en studio avec son groupe, et que le troisième ne réponde tout simplement pas au téléphone. C'est dur, quand on n'a pas d'affaires, de conserver un groupe.

Mais là, en 59, les propositions commencent à affluer. Rapidement, Monk jouera au prestigieux Town Hall, puis ce seront ses premières apparitions sous son nom sur la côte ouest, puis l'Europe en 61, le Japon en 63... Les dates commencent à tomber avec une confortable régularité. Maintenant, il lui est plus facile de garder un orchestre régulier. Surtout si la paie est bonne. Et si l'un des accompagnateurs a un engagement ailleurs, il est de son devoir moral de donner préséance à Thelonious, sinon eh bien il ne fait pas vraiment partie du groupe. Donc, on peut dire que Rouse est arrivé au bon moment : il y avait du boulot pour toute l'année.

Mais cela expliquerait pourquoi il serait resté quatre ou cinq ans, pas douze. La question demeure donc entière. Je me la suis posée dans tous les sens pour arriver à une conclusion en forme de lapalissade : s'il est resté aussi longtemps, c'est peut-être tout simplement parce qu'il n'est pas parti... Je sais que ça a l'air bête, comme ça, mais quand on y réfléchit, on s'aperçoit que les autres solistes le précédant chez Monk l'avaient tous quitté pour poursuivre leur propre carrière. C'étaient de gros costauds très agités, venus s'abreuver à cette source d'inspiration géniale qu'étaient la musique et la compagnie de Thelonious, pour repartir aussi sec vers de nouvelles aventures. Tandis que Rouse, lui, est rentré chez Monk et y a trouvé sa place. Il a posé les valises. C'est pourquoi, par la force des choses et du temps qui s'écoule, ainsi que par une nécessité intrinsèque à son jeu, on peut dire que Rouse fut *le* saxophoniste de Monk. Les autres étaient des saxophonistes *avec* Monk, mais pas lui. Il est à l'intérieur de cette musique. Il s'y soumet entièrement, sans réserve. Là où Griffin donne parfois l'impression de se débattre furieusement, solo après solo, dans une camisole de force, Rouse, lui, se promène en robe de chambre et en pantoufles, dimanche matin, grasse matinée. Totalement relax, chez lui. Il ne va plus chercher la petite bête comme aux premiers temps de sa collaboration avec Monk, il prend les choses comme elles viennent, sans se fâcher.

J'ai même une théorie là-dessus. Dans le jazz en quartet ou quintet issu du bebop, le saxophone ou la trompette sont comme on l'a vu les vedettes. Et si un pianiste tient ailleurs qu'en trio un rôle de soliste, c'est pour se hisser au rang des cuivres, mais certainement pas au-dessus. Il sort de son rôle d'accompagnateur pour monter au créneau et se mesurer aux soufflants. Note pour note, dent pour dent. Mais on considère tout de même le piano comme un membre de la section rythmique. Comme il faut au moins trois pieds pour s'asseoir, on a le petit tabouret le plus confortable de l'histoire de la musique : piano-basse-batterie. Avec ça, on peut aller partout. On met qui on veut devant, hautbois, cor anglais, violoncelle ou glockenspiel, sax ou bugle, pour peu qu'on ait des musiciens un peu compréhensifs, ça tourne tout seul. Seulement voilà. Au fur et à mesure que Rouse trouvait sa place dans le groupe et qu'il perdait l'ardeur de ses débuts, Monk a carrément renversé les rôles. Le piano chez lui est naturellement devenu toujours et uniquement soliste, tandis que le saxophone devenait un membre à part entière de la section rythmique. Aussi simple que ça. On me dira, c'est complètement idiot, quand Rouse improvise il n'accompagne pas. Eh bien moi je dis que si. Le jeu du saxophoniste adhère tellement à la musique, ses phrases se glissent avec un tel naturel à travers le labyrinthe harmonique auquel Monk le soumet parfois (car il a assez vite laissé tomber *l'exploration*), que du coup c'est l'accompagnement de Monk qu'on entend, et pas le solo de Rouse. C'est incroyable ! Même quand il accompagne, Thelonious est le soliste. Le monde à l'envers. Tout comme le bassiste et le batteur qui diffusent tout au long de la musique de Monk une énergie infaillible, Rouse se soumet à l'effort de guerre et fait comme les autres, il y va de sa petite pulsion constante qui éclaire et réchauffe le jeu de Thelonious. C'est bizarre, non ? Mais du coup, le groupe s'installe dans un rapport de forces extrêmement stable. Monk n'a plus personne sur le dos. Il règne en maître absolu. Et ça tombe bien, parce que c'est justement le moment, en février 59, où il va s'offrir le trip le plus mégalo qu'un pianiste puisse s'offrir : se voir joué par un grand orchestre.

Ce sont les frères Colomby qui ont arrangé le coup. Et maintenant que Monk commence à être connu, on peut frapper haut et fort : le Town Hall de New York City ! L'Apollo des Blancs ! Appelez-moi Maître ! Rien que ça suffirait à faire chaud au cœur. L'historien pointilleux ne manquera pas de signaler que ce n'est pas la première fois que Monk se produisait au Town Hall (on y trouve sa trace onze ans plus tôt, dès février 48), mais ici c'est sous son nom et en big band, ce n'est pas pareil. Et quand chaque note que l'on joue normalement au piano est assignée à un instrument qui amplifie, claironne, objective l'intimité du jeu du pianiste, là c'est la totale. C'est comme d'avoir sous les doigts une armée de musiciens qui s'agitent comme de petits soldats. Général Monk ! Un pour tous, tous pour Monk ! Le corps d'élite !

Mais alors, le pianiste se serait assis à une table, et aurait écrit tous ces arrangements pour grand orchestre (en fait six cuivres ajoutés au quartet régulier de Thelonious) ? Crayon, papier, nuits blanches ? À quarante ans ? Ça m'étonnerait ! Non, Monk, dans la vie, il fait *une* chose, c'est jouer du piano. Il y a donc derrière ce travail une cheville ouvrière, un esprit brillant et dévoué, un serviteur génial de la musique de Thelonious : Hall Overton.

Déjà, quel nom ! Hall comme Carnegie Hall, et Overton comme harmoniqu' (il manque un « e » à la fin pour faire overtone). Lui aussi avait un nom prédestiné. Élève de la fameuse Juilliard School, puis du non moins célèbre Darius Milhaud, il met ses connaissances et son talent au service de Thelonious, et les voilà qui travaillent ensemble. Un peu comme un tailleur, Overton examine la musique de Monk sous toutes ses coutures. Et cet accord, tu le joues comment ? (Levez les bras s'il vous plaît.) La tierce majeure, tu veux l'entendre dans ce *voicing* ? (Une poche sur le côté ?) Quel tempo on va prendre ? (Monsieur s'est décidé pour le tissu ?) Qui va faire un solo ? (Tournez-vous, qu'on voie comment ça tombe.) Les accords d'accompagnement, legato ou staccato ? (Point simple ou double sur le piqué ?) etc. Thelonious emmène sa musique se faire tailler un costume sur mesure. Le luxe. Du grand orchestre ajusté au plus près à l'immense et majestueuse silhouette de la musique de Monk. Il fallait oser ! Que ce soit du solide, léger pour l'été, confort pour l'hiver ! Robuste, souple, élégant !

Pour y arriver, Thelonious aura dû mettre sa musique à nu. S'asseoir au piano et montrer de façon extensive ses compositions à son ami. Prendre le temps d'expliquer, de reprendre, de corriger. Rappelons-nous qu'à l'opposé de Dizzy, qui était enseignant dans l'âme, Monk, c'était plutôt le genre à jouer le morceau du début à la fin, jusqu'à ce que l'autre ait compris. Pas vraiment le pédagogue classique. Il ne va pas donner des théories, des exemples, des exercices. Décortiquer, analyser. Non, Monk est un maître, et sa parole, aussi cryptique soit-elle, est à prendre comme elle vient. À d'autres l'exégèse. Combien de musiciens des petits orchestres de Monk auront vu ses partitions originales ? Beaucoup en revanche se souviennent des efforts d'oreille et des réflexes surhumains déployés pour comprendre la musique de Monk *uniquement à l'écoute* ! Griffin raconte qu'il a mis une semaine à se rendre compte que *Light blue*, contrairement à ce qu'il croyait entendre en le jouant, n'avait pas les mêmes harmonies sur le premier et le deuxième exposé du thème... Le seul musicien à ma connaissance qui ait dit que Thelonious *parlait* de sa musique était Coltrane. Mais je soupçonne ce dernier, avec son furieux pointillisme musical, de lui avoir plus posé de questions que d'avoir obtenu de réponses...

Quoi qu'il en soit, le plus souvent, les partitions étaient là, dans une fameuse sacoche, à portée de main ! Et un musicien qui rame sur un morceau difficile demandera fatalement au bout d'un moment, allez, Thelonious, montre-moi la musique, on ira plus vite. Mais Monk, implacable, se contentera de rejouer le morceau, en grommelant dans le meilleur des cas : je veux que tu *l'entendes*, ma musique, pas que tu *la lises*. Il a raison : il a mis des semaines à l'écrire, pourquoi un autre la déflorerait-il en quelques minutes... Il faut le mériter, le morceau de Monk. Le savourer, découvrir à ses dépens que cette note-ci est plus longue que telle autre, et correspond exactement à cet endroit précis. On n'est pas au bureau d'achat des maisons Phénix ici, on ne choisit pas sur plan, non. On découvre, à la bougie parce que les plombs ont sauté, une pièce après l'autre, attention à la marche, je crois que le pont est bientôt à droite... C'est le château des ancêtres, de la pierre de taille. Il n'y a pas tout le confort moderne, mais qu'est-ce qu'on s'y sent bien ! Pas de téléphone, pas d'électricité, un peu humide, mais le charme ! Le décor, l'esprit ! L'emplacement, la vue !

Avec Overton, les voilà donc tous les deux, penchés sur le papier millimétré, à prendre des mesures, à dessiner les pièces... Profitons de l'occasion pour tenter d'éclaircir un mystère qui m'a toujours troublé dans la biographie mythologique de Monk : On lit parfois qu'il a étudié dans sa jeunesse à la Juilliard School, haut lieu occidental de l'enseignement classique. Tout d'abord je n'ai pas trouvé une seule trace de cet épisode (ce qui bien sûr n'est pas une preuve), mais il faut surtout savoir que la légitimation « classique » a posteriori est une technique assez répandue chez les historiens ou critiques de jazz qui ont mis du temps à accepter et reconnaître le talent d'un artiste. On lui donne, rétrospectivement, des lettres de noblesse : les palmes académiques, en quelque sorte. Mais je ne vois pas très bien où Monk aurait pu dans sa jeunesse trouver le temps et l'argent pour aller à la Juilliard (dont les frais de scolarité sont excessivement élevés). Ensuite, je ne vois pas pourquoi il faudrait nécessairement « faire du classique » pour avoir une quelconque validité en jazz. Enfin, est-ce que ce présupposé n'est pas un peu à côté de la plaque ? Thelonious lisait la musique, et se plaisait parfois à jouer l'une des innombrables partitions classiques (ou jazz) qui trônaient sur son piano. Mais pourquoi l'enrôler de force dans un apprentissage qui ne fait que diminuer l'immédiat génie de sa musique ? Il n'a pas besoin de ça, Thelonious ! Il joue ce qu'il entend et si c'est universel, eh bien, tant pis pour ceux qui tentent à tout prix de mettre leurs idées dans des petites boîtes ! C'est comme ça, l'art ! Ça ne sort pas toujours des écoles, et le jazz encore moins que tout autre !

Bref, on peut penser que cette légende de la Juilliard prend racine dans le fait qu'à l'occasion de ce grand orchestre Monk se rendit souvent dans cette école, où enseignait Hall Overton, et où il leur était commode de travailler ensemble. Mais à quarante ans, pas à vingt ! Il y allait pour enseigner, pas pour apprendre ! Pour être le prof du prof, nuance ! Fin de la parenthèse.

Et ça sonne. Oh oui, ça sonne. Déjà que Monk tout seul, c'est pas banal, mais alors là, on a la même chose puissance dix ! Il n'y a pas de raison pour qu'en grand orchestre sa musique s'adoucisse, s'aplatisse, au contraire ! Les angles sont plus aigus, les rondeurs plus douces, les tempos plus présents. C'est du superlatif, du délire ! Oyez, oyez ! Oh yeah ! L'idée est courageuse, mégalomaniaque : multiplier Monk par dix ! Comme si on n'avait pas assez d'ennuis comme ça !

On y trouve donc comme solistes, outre Rouse et Monk, Donald Byrd, Phil Woods et Pepper Adams. Sam Jones à la basse et Art Taylor à la batterie complètent la section rythmique. Quant à Eddie Bert au trombone, Robert Northern au bugle et Jay McAllister au tuba, ils ne prennent pas de solo, mais assurent à l'orchestration cette coloration grave et cuivrée qui semble si essentielle à la musique de Thelonious. Les arrangements d'Overton sont parfaits. Le choix des morceaux est périlleux, excellent ; la façon dont Rouse se glisse entre les accords de *Monk's mood* est magistrale. *Friday the 13th* est jubilatoire, Phil Woods y est coquet à souhait. Quant à *Little rootie Tootie*, on devrait le rebaptiser pour l'occasion Little rootie *tutti* : l'orchestre y effectue en effet une section d'ensemble, parfois harmonisée, qui reprend intégralement le solo que Monk avait enregistré sur le même morceau six ans et demi auparavant pour Prestige. Le solo de Monk transcrit, appris, puis récité par un big band en entier, c'est pas quelque chose, ça ? *Off minor*, morceau particulièrement ardu, est démonté pièce par pièce par un Donald Byrd aussi mélodique que méthodique. *Thelonious* (avoir son prénom décliné par un big band !) sonne comme une profession de foi collective : tous derrière le chef ! Un homme, une note ! Thelonious, président !

Le quasi symphonique *Crepuscule with Nellie* est beau à pleurer : Monk y traîne à lui seul tout l'orchestre derrière lui, dans un rubato d'une poignante désinvolture. Cette aubade à sa femme, écrite en 57 par un Thelonious affreusement seul lorsque celle-ci se trouvait à l'hôpital, voilà qu'on peut maintenant la goûter en technicolor et en panavision. Et puis, pour bonne mesure, en bis, un nouveau Rootie tutti, car l'ingénieur du son n'avait pas réussi à enclencher la bande suffisamment tôt, et il manquait à l'enregistrement les premières mesures du morceau. Il manque cinq secondes de musique ? Qu'à cela ne tienne, on refait tout le morceau ! Tout est bon, nouveau, extravagant. Indiscutable réussite artistique. Ils devaient être bien contents après, les musiciens, dans les coulisses.

Mais les critiques spécialisés qui couvraient la soirée à Town Hall ne trouvèrent pas cette expérience totalement à leur goût. Mal répété, dirent-ils. Mr. Monk est un très bon compositeur, certes, mais sa musique convient-elle au format du big band ? Il aurait fallu écrire une musique appropriée à cette formation, et non recopier *verbatim* les accords de Monk, continuèrent, dans leur infinie sagesse, les donneurs de bons conseils. Les solistes n'étaient pas très inspirés, ajoutèrent-ils. Bref, pas terrible, bon devoir avec quelques faiblesses, attention à l'orthographe, peut mieux faire, 11/20 parce que je suis sympa. Donc, annulation des autres dates de la tournée prévue pour le grand orchestre, et il faudra attendre presque cinq ans avant de remettre ce projet grandiose sur le tapis. Dur, mais Monk a l'habitude. Et puis cette conception d'un grand orchestre qui amplifie le jeu du pianiste est tout à fait originale. Déjà qu'on a mis du temps à s'habituer à son jeu de piano, il faudra encore quelques années pour faire avaler cette nouvelle couleuvre cuivrée.

En effet, dans la compréhension classique du big band pour un pianiste, c'est le piano qui joue de l'orchestre, n'importe quel professeur de composition vous le dira en montrant un clavier :

— Là, c'est les trombones, les trompettes peuvent aller jusque-là, et la basse descend jusqu'ici.

Avec ça, on se débrouille, et quand on écrit de la musique au piano on peut toujours imaginer qu'on a un grand orchestre sous les doigts. Mais ici, on a exactement l'inverse : c'est l'orchestre qui joue du piano ! Le génie, précisément, d'Overton, aura été de faire plier tout un ensemble sous une conception pianistique. Sous le joug, l'orchestre !

Mais Monk doit refermer le livre du grand orchestre, il y reviendra quand les esprits s'y seront habitués et seront enfin prêts à l'écouter. Il continue d'enregistrer pour Riverside des albums pétulants et prolixes. Il essaie des sections rythmiques différentes. Il joue un temps avec le magistral Roy Haynes, puis avec l'impeccable Art Taylor, dont il s'amuse à torturer l'amour-propre avec son humour habituel. On lui propose de plus en plus de travail. Monk atteint une période de sa vie où il flotte un peu. Il fait des concerts dans des contextes de plus en plus variés : on le sollicite même pour jouer au dîner annuel des Nations unies. Il cherche son prochain groupe, et on le voit jouer avec des petits jeunes comme Scott LaFaro, Elvin Jones ou Ron Carter, il adjoindra même pendant quatre mois, lors de l'été 60, le saxophoniste Steve Lacy au quartet avec Rouse. On lui décerne en Hollande un Edison Award, qu'il partage cette année-là avec Frank Sinatra : pas de doute, les barrières tombent. La recherche de solidification de son groupe se poursuit donc et, lors de ce même été 60, il finit par trouver sa bonne paire dans les personnes de John Ore et de Frankie Dunlop. Qui ça ? Mais comment se fait-il que le grand Thelonious Monk n'ait pas, à l'heure de sa gloire chèrement acquise, un groupe composé de célébrités digne de son renom ?

J'imagine plusieurs raisons à cela. Tout d'abord, si le nom de Monk commence à être suffisamment connu par lui-même, pourquoi lui faudrait-il l'associer à d'autres ? Depuis le début, Thelonious a pratiqué une politique et une seule, trouver des musiciens qui puissent jouer sa musique. Qu'ils soient connus ou non lui importe peu. Un système « all stars » n'a donc rien a priori pour le satisfaire. Et puis John Ore a tout de même accompagné Lester Young, Coleman Hawkins, Ben Webster et Bud Powell, pour ne citer qu'eux, ce qui lui confère une respectabilité indiscutable. De même pour Frankie Dunlop : Sonny Stitt, Rollins, Mingus et Ellington ne sont pas n'importe qui. Mais ni l'un ni l'autre ne sont vraiment sous les feux de la rampe. En revanche, ils produisent exactement ce que Monk attend d'eux : un swing impeccable. Le tapis mousseux, épais, feutré. Ce n'est pas la voiture de course comme la rythmique de Miles, c'est plutôt la Cadillac, on met la clé de contact et il n'y a plus de souci.

Ainsi donc équipé de ce nouveau quartet Pullman *de luxe*, Monk va partir en Europe. Ça devait faire un bout de temps que ça le tentait, de tourner chez nous. Il avait dû rester sur une impression mitigée à la suite de son passage en 54 à Paris. Son manager en parlait depuis plusieurs années, d'une tournée en Europe. Il fut même question en 59 d'enregistrer « live » à Paris la musique des *Liaisons dangereuses*, comme Miles l'avait fait sur *Ascenseur pour l'échafaud*. L'affaire comme on le sait se finit un peu en jus de boudin, puisque l'enregistrement eut lieu à New York, sans composition originale, et ne fut pas utilisé par la suite. L'Europe. Depuis dix ans, Thelonious a vu tous les copains y aller et en revenir, décrivant avec enthousiasme ce continent où ils étaient accueillis comme des artistes, et non comme des Noirs (un peu des deux en fait, mais pas avec les mêmes préjugés).

Kenny Clarke s'est installé à Paris, ainsi que Bud Powell... pas question de quitter la 63e Rue, mais quand même... aller les voir un peu...

Monk réussit donc quelque chose d'absolument impensable quelques années auparavant : il a un orchestre régulier qui tourne, et va jouer en Europe. *Comme les autres.* Ce qui semble évident pour beaucoup de ses collègues, plus ou moins illustres, est finalement devenu une réalité banale pour Thelonious : il rentre dans le rang. L'Histoire le rattrape. Monk est devenu, à quarante-trois ans, un Monsieur respectable qui peut s'insérer dans les circuits habituels. Bizarre, bizarre. Rétrospectivement, cela semble normal, mais sur le moment ça a dû lui faire tout drôle. Et en avril et mai 61, il part donc avec son quartet pour deux mois vers le Vieux Continent. Amsterdam, Paris, Marseille, Milan, Rome ! Zurich, Berne, Stockholm, Copenhague ! Et j'en passe ! Plus toute une tournée en Angleterre avec, sur le même circuit, Art Blakey et ses Jazz Messengers ! Bonne façon de voyager ! Tout le monde est ravi (sauf en Angleterre, où son travail est peu connu) : musiciens, public, presse... En 1961, son œuvre discographique, correctement importée, avait eu le temps de faire en Europe son travail de sape... Ses bombes à retardement commençaient à exploser un peu partout, et ses petits airs de jazz flottaient dans les oreilles de tous les amateurs...

On l'accueille, on se recueille. On l'écoute. *Blue Monk*, dès ses premières mesures, est assourdi par les cris d'enthousiasme. D'ailleurs, le groupe est un modèle du genre. John Ore est un roc, inébranlable. Il est difficile de trouver un batteur qui *swingue* autant que Frankie Dunlop. Rouse est inspiré, lyrique. Quant à Monk, il a sélectionné un répertoire constitué de vieux succès (*Round midnight, Epistrophy, Rhythm-a-ning*), de quelques vacheries (*Jackie-ing, Off minor*), un petit *Just a gigolo* ou *Body and soul* en solo pour faire un peu d'air dans le concert, et puis toujours, pour elle tous les soirs en coulisses, qui veille au grain du lever au coucher, le sublime *Crepuscule with Nellie.* Le répertoire n'est pas trop dur à jouer, il est parfaitement rodé, et le Thelonious Monk Quartet est tout simplement devenu une référence inévitable dans le circuit international. Au Newport Festival de 62, l'orchestre de Duke Ellington lui fait l'honneur de l'inviter sur ses propres morceaux, et exécute un *Frère Monk* de Duke composé pour l'occasion. À Baltimore, une foule entière scande, menaçante, devant un cordon de police déployé pour fermer comme la loi l'exige un club local à minuit : WE WANT MONK — WE WANT MONK — WE WANT... C'est l'idole des jeunes. Ses retards légendaires font maintenant partie intégrante de ses concerts, c'est un suspense désiré, une attente nécessaire au plaisir de l'entendre.

Quant à son jeu, il a atteint sa classique maturité. Plus que jamais, il chasse les couleurs sur son clavier en noir et blanc ; plus que jamais, il fait sonner son instrument comme sa chose. Il y en a qui sont nés pour que le piano leur donne du mal, mais lui est né pour donner du mal au piano. D'ailleurs, le contrat avec Riverside arrive à expiration en 1961, et il est temps pour Thelonious de voir si sa cote a augmenté. De fait, de fait. Monk est maintenant une star internationale. Il vend. Dollars, dollars. En ce qui le concerne, ça ne change pas sa façon de vivre, il ne va pas s'acheter une maison comme Miles, ou déménager sur Central Park West, comme Blakey ou Roach : encore et toujours la 63e Rue Mais pour les gens de l'industrie, comme on dit, il commence à représenter des possibilités de gains substantiels. Et puis il y a un producteur qui travaille pour Columbia, Teo Macero, qui fait des disques pas mal du tout avec Mingus, avec Miles. En outre, ce label représente l'aboutissement logique d'une carrière inévitablement ascendante, une *Major* constituant un moyen de distribution massif et idéal pour l'art de Thelonious. Enfin, Monk est un génie, maintenant tout le monde le sait. De part et d'autre, donc, le contrat entre Monk et Columbia apparaît comme un mariage de raison.

11

Columbia

Qui prenait ce genre de décision dans la famille Monk ? J'ai l'impression qu'entre Harry Colomby, Nellie et Thelonious, les avis ne devaient pas différer souvent en matière de business. Ils avaient tous les trois la tête près du bonnet, et (sans ironie) Thelonious le premier. Monk le fou, l'ange du bizarre, avait, n'en doutons pas, un sens aigu des réalités. Faire de la musique a toujours été sa priorité, et l'idée de sacrifier celle-ci à l'argent — il l'a assez prouvé — ne lui a jamais traversé l'esprit. Mais il a toujours été fort en maths et quand il jouait en club il savait toujours estimer les sommes que représentaient le nombre de personnes dans la salle, les frais de fonctionnement, et ce qui atterrissait dans la poche du proprio avant de se retrouver finalement, copieusement écrémé, dans la sienne. Monk sait quand on l'arnaque. Longtemps, il s'est fait tondre la laine sur le dos, alors qu'il jouait exactement la même musique que maintenant. Mais à l'époque il ne pouvait pas faire autrement. En 1962, c'est une autre histoire : c'est lui maintenant qui peut imposer ses conditions, et s'assurer que son dû lui revienne. Il changera d'ailleurs un peu plus tard l'édition de ses compositions de Thelonious Music en Bar-Thel Music, du nom de ses enfants, sous lequel il déposera les titres : astuce fiscale, mais surtout donation de son vivant d'un répertoire qui continue d'assurer à Thelonious Jr. un revenu extrêmement confortable ; voilà qui atteste un sens de la famille et des affaires aussi avisé qu'attachant, non ?

Donc, Columbia. Les grands moyens. Ça se voit tout de suite, rien qu'au temps qu'il passe en studio pour faire des disques chez eux. Quatre jours pour faire le premier, « *Monk's Dream* », et cinq pour « *Criss Cross* », le second. Jusqu'à présent, ses disques s'enregistraient en un ou deux jours, vite fait bien fait, exceptionnellement trois quand on tombait sur un os, comme *Brilliant corners* ou *Played twice.* Mais quatre, c'est du jamais vu, c'est la bride sur le cou. Et puis il y a le son : réverbération profonde, stéréophonie appuyée, ça fait classique, ça fait riche. Macero redressera d'ailleurs le tir très rapidement ; ce nouveau son, en effet, ne met pas en valeur la musique de Thelonious, il la *glace.* Mais du coup, lorsque j'écoute l'un après l'autre « *Five By Monk By Five* » (le dernier enregistrement en studio pour Riverside) puis « *Monk's Dream* » (le premier Columbia), je ne peux m'empêcher de ressentir comme une coupure ; oh, rien de radical, ce n'est pas à quarante-cinq ans que Thelonious va changer quoi que ce soit. Mais on sent qu'il prend une inclinaison... comme un navire qui aurait trouvé le vent, et se mettrait à gîter sur des vagues égales...

Car il y avait jusqu'ici dans la musique de Thelonious une excitation toute juvénile, et ses mouvements semblaient imprévisibles ; plus pondéré maintenant, il paraît préoccupé par une chose essentielle : swinguer, dur et longtemps. Finies les cabrioles, les entrechats et autres légèretés. Le temps s'est distendu, il n'est plus tissé aussi serré. Les idées du groupe s'allongent, se filent ; du 400 mètres haies, on est passé au 10 000 mètres piste. L'unique composition originale que Monk amène comme bouquet de marié pour ce premier album chez Columbia illustre d'ailleurs cette nouvelle orientation : *Bright Mississippi* est une mélodie simplissime, chantante. On y respire, on s'amuse à faire durer une joie de jouer qui désormais semble éternelle. Composition décevante, lit-on parfois. À mon sens, elle ne fait que refléter la préoccupation du moment : prenons notre temps, et swinguons jusqu'à plus soif...

Et Teo Macero dans tout cela ? Columbia a eu

du nez lorsqu'elle s'est attaché les services de ce saxophoniste et compositeur, devenu producteur. Monk et lui se connaissent, ils ont même fait avec Teo au sax une émission de télé en 55, le Steve Allen Show. Pour Miles comme pour Mingus, Macero s'avère un interlocuteur particulièrement fin et créatif, stimulant et matérialisant les grands paris esthétiques de ces artistes. C'est bien, dans une grande maison de disques, d'avoir quelqu'un de son côté et qui ne tire pas la gueule quand on propose de faire venir un joueur de sitar pour la prochaine session. Mais en ce qui concerne Monk, il semblerait que ce dernier n'ait jamais même pensé à lui demander son avis sur la musique qu'il devait jouer. À prendre ou à laisser. Il ne va pas tripoter des machines électro-acoustiques, ou essayer des formations étranges et nouvelles. Il joue ce qu'il a toujours joué, et si cela intéresse Columbia, c'est tant mieux pour tout le monde ! L'influence de Teo se bornera donc à proposer des dates de studio, ou d'enregistrer des concerts « live » quand l'occasion s'en présentera.

La politique de production jazz dans la maison Columbia est d'ailleurs à l'époque assez simple, et rappelle celle de Prestige dix ans auparavant : on enregistre. Sans vraiment penser à des albums, c'est le service des ventes qui s'occupe de ça. Ainsi, « *Monk's Dream* » et « *Criss*

Cross » représentent en fait neuf sessions enregistrées entre octobre 62 et mars 63. Et quand on écoute « *Criss Cross* », les six secondes qui séparent sur le disque *Hackensack* de *Tea for two* correspondent en réalité à une durée de deux mois et demi ! Le plus étonnant, c'est que cette politique d'enregistrement coïncide chez Columbia, pour des raisons diamétralement opposées (la recherche, l'invention), à celle que semble adopter Thelonious (la continuité, le distendu). Ce qui ne fait que renforcer l'idée selon laquelle l'Histoire ne rate jamais un rendez-vous avec elle-même... Ces deux premiers disques comportent donc un assortiment de morceaux joués et rejoués en tournée, comme *Hackensack, Rhythm-a-ning* ou *Ba-lue Bolivar ba-lues-are ba-lue* ; quelques repêchages des années Riverside (*Sweet and lovely, Blues Five Spot*), Prestige (*Think of one, Monk's dream*) ou même Blue Note (*Eronel, Criss cross*). Un panaché, en quelque sorte. Un best of, remis au goût de son nouveau quartet. Comme si, du haut du promontoire qu'il a mis tant d'années à gravir, il contemplait son immense travail, étalé comme une plaine sous ses yeux : point de vue, image du Monk.

Entre 1962 et 1965, échéance de son premier contrat, Monk est mis en boîte pas moins de trente fois. C'est du zèle ! Toutes sortes de configurations : des dates étalées en studio sur deux mois, et qui feront un disque (« *Criss Cross* »), des sessions groupées sur trois jours, à l'ancienne (« *Monk* »), du « live » quatre jours de suite dans deux clubs différents (« *Live at the It Club* », « *Live at the Jazz Workshop* ») ou à l'étranger (« *The Tokyo Concerts* »), de la compil pure et simple (« *Always Know* »), du grand orchestre (« *Big Band and Quartet in Concert* »), du solo-compil (« *Solo Monk* »), et, bien sûr, du quartet. Tous azimuts. Columbia tient une mine d'or, et elle la creuse trois ans durant avec méthode et enthousiasme. Un mot d'ordre : *let the tape roll !* laissez tourner les bandes ! Tout est bon à prendre !

Enthousiasme contagieux : après s'être chauffé toute l'année 63 au cours de copieuses tournées européennes puis japonaises (avec arrêt à Honolulu), Monk entre dans l'année 64 bille en tête, avec une musique d'une pétulance irrésistible. Pour être parfaitement exact, cela commence le 30 décembre 1963, au Lincoln Center, une salle qui dispute au Carnegie Hall l'exclusivité des grands moments musicaux de l'establishment new-yorkais. Et c'est en big band ! Il débute l'année, c'est le cas de le dire, en fanfare. Une bonne façon de se chauffer pour le réveillon ! Il revient de loin, ce grand orchestre, presque cinq ans. Du coup, Hall Overton et lui ont peaufiné la formule. Ils ont décidé de changer, outre l'intégralité du répertoire, le centre de gravité, si j'ose dire, de l'orchestre : on remplace le tuba par un saxophone soprano (Lacy), on double la trompette d'un cornet (Thad Jones), la partie grave n'étant plus assurée que par le saxophone baryton et le trombone. On tire vers l'aigu. Les profondeurs cuivrées font place à une stridence conquérante (a-t-on jamais écrit *aussi haut* pour sax soprano ? Il fallait bien Lacy pour tenir un pupitre aussi difficile). Et c'est, enfin, le succès. Ce coup-ci, ça y est, on a eu le temps de s'y faire. Ce big band n'est ni meilleur ni moins bon que celui de 59, il est aussi indiscutablement remarquable, excellent. Mais Monk prouve encore une fois qu'en tenant le cap, sans toucher à rien, il finit par imposer la qualité de son travail. Hourrah ! Bonne année, Monsieur Monk !

Oui, j'ai l'impression que 1964 est une année magique pour Thelonious. Tout ce qu'il produit pendant ces douze mois respire un enthousiasme dont on s'étonne, après toutes ces années, de le voir encore capable. Il faut dire qu'il va changer de paire : John Ore cède la basse à Butch Warren, qui la cédera lui-même en automne à Larry Gales. Et puis le batteur Frankie Dunlop s'efface devant Ben Riley. Dunlop est d'un swing aussi intelligent que puissant, parfait pour le big band comme pour le quartet, mais Riley est plus fin, plus essentiellement économe, d'un swing plus délié. On sait combien Monk est sensible aux batteurs avec qui il joue. Combien leur jeu l'influence, le nourrit. Et l'arrivée de Ben Riley lui fait à nouveau pousser des ailes. Monk a l'air tellement content de cette nouvelle recrue, qu'il lui donne à l'occasion de leur premier enregistrement ensemble, « *It's Monk's Time* », une place jamais vue auparavant dans aucun de ses groupes. Sur six titres figurant sur l'album, deux sont en piano solo. Et sur chacun des quatre titres restant, le batteur prend un long solo, dont un *ad lib* sur la première plage, *Lulu's back in town.* Unique, renversant ! On se souvient de la phrase de Lacy, qui demandait à Thelonious quelle était la règle à suivre quand on jouait ses morceaux. La réponse laconique en dit long sur sa conception de la musique : *make the drummer sound good.* Fais en sorte que le batteur sonne bien... Et le meilleur, c'est que ces interventions de Riley sont tellement naturelles qu'elles semblent faire partie depuis toujours de la musique du Thelonious Monk Quartet. Ben est une bouffée de jeunesse pour Thelonious, qui insuffle en retour une énergie nouvelle à ses accompagnateurs.

Le batteur raconte ainsi la façon dont il s'est joint au groupe : il jouait en club dans un orchestre qui partageait durant un mois l'affiche avec le Thelonious Monk Quartet. Le pianiste lui avait à peine adressé, ce qui est normal quand on le connaît, deux mots de tout le mois. L'engagement se finissait un dimanche soir et le matin du lundi suivant, Ben est réveillé par un coup de téléphone : Monsieur Riley, je vous appelle des studios Columbia, et Monsieur Monk désirerait que vous participiez à l'enregistrement de son prochain disque. Quand cela ? demande Ben, embrumé. Mais maintenant, répond l'autre. Le batteur avait à l'époque un ami qui lui faisait régulièrement ce genre de farces téléphoniques, aussi raccroche-t-il en grommelant. Quelques secondes plus tard, re-sonnerie : Monsieur Riley, je vous appelle *vraiment* des studios Columbia, et nous avons besoin de vous *maintenant.*

Le batteur saute donc dans son pantalon, emballe sa batterie et se rend au studio où l'attend effectivement le reste de l'orchestre. Il monte sa batterie et Monk ne lui a toujours pas dit deux mots. Quand Riley est prêt, sans ouvrir la bouche, Monk attaque le premier morceau. Le reste de la séance se déroule dans cet esprit. Au dernier jour, Monk s'approche de Ben et lui dit : Alors, tu as été payé au moins ? Riley bafouille, oui... non... c'est pas important... et Monk le coupe : Bon. Parce que je veux que les membres de mon groupe soient bien payés. Le batteur dresse l'oreille et demande : Je fais donc partie du groupe ? Monk rétorque : Tu as ton passeport ? Euh, non... justement..

— Eh bien, qu'est-ce que tu fous ? On part en tournée à la fin de la semaine !

De fait, une semaine plus tard, ils atterrissaient à Amsterdam. Et Monk devait se trouver quelque part entre Londres et Marseille quand paraît, le 28 février, un numéro de *Time Magazine*, avec, dessinée par le fils de Chaliapine, sa tête en couverture. *Time Magazine* ! Lui, un jazzman ! Et noir en plus ! Les carottes sont cuites ! Après ça, il n'y a plus que la statue sur Times Square ! À l'intérieur, un long article, Thelonious Monk, sa vie son œuvre. L'article fait du bruit ; on y mentionne la drogue, un peu la folie, aussi bien que sa musique et son itinéraire. C'est un vrai travail de fond, qui laisse apparaître avec respect et humour un artiste extraordinaire, compliqué, authentique.

On savoure l'ironie de la situation, quand on sait que tout le pays est en deuil de son tout jeune président Kennedy, assassiné en pleine gloire en novembre 63, quasiment béatifié. Cet événement soudain aura d'ailleurs repoussé et le concert en big band (prévu un mois plus tôt), et la publication de la cover-story de *Time Magazine*. Mais Thelonious n'en a cure. Encore une fois, il est à contretemps, mais ce coup-ci, il dispute, par un hasard génialement monkien, tout en lui tournant le dos, le devant de la scène avec le président des États-Unis... On ne s'étonne plus que les gens de chez Columbia aient appelé le disque enregistré à ce moment-là : « *It's Monk's Time* »...

Maintenant, c'est Monk. Tout le monde le sait en Europe, et il remplit d'adorateurs enthousiastes les salles de toutes les capitales où il se produit. Concerts tranquillement enregistrés, le plus souvent par des radios nationales, et qui refont surface sur des labels variés. Chacun de ces enregistrements témoigne d'une forme éblouissante de l'orchestre. Après le printemps, l'été : le quartet, encore avec Butch Warren à la basse, écume les différents festivals de jazz qui commencent à s'implanter un peu partout aux États-Unis. Depuis l'invention de cette formule à Newport en 1955 par le pianiste-promoteur-génie des affaires George Wein, l'idée s'est répandue, et Monk représente un must pour leur programmation. Le quartet, comme l'exige sa nouvelle notoriété, jouera même à Pittsburgh devant un public de 13 000 personnes ! Des engagements en club au Village Gate, au Village Vanguard. Le big band, qui revient en juin à Carnegie Hall, cette fois-ci. Automne : Larry Gales prend la basse et s'incorpore à ce qui va devenir la formation classique du Thelonious Monk Quartet. Lequel enregistre en trois jours un disque superbe, sobrement intitulé « *Monk* », puis part en tournée sur la côte ouest.

Et là, on sent vraiment que Thelonious retrouve le goût du risque. Fatigué, Monk ? Encroûté, le vieux ? Tu parles ! Il pioche dans son ancien répertoire des compositions que l'on croyait définitivement enterrées dans les catalogues de Prestige ou de Blue Note. Il ressort même de ses cartons les titres enregistrés pour Gigi Gryce neuf ans plus tôt, lorsqu'il était en pleine veine créatrice. Deux d'entre eux, *Shuffle boil* et *Brake's sake* refont surface avec l'arrivée en studio de Ben Riley. Le troisième, *Gallop's gallop* sera joué en concert, et enregistré à cette occasion au It Club pour Columbia. Tout swingue, tout dure, tout est bon (sauf peut-être ce *Gallop's gallop* dont Rouse visiblement ne se souvient plus très bien). Pour moi d'ailleurs, cette année 64 a un tempo. Il y a des années qui ont une odeur, d'autres une couleur, ou encore un son, mais je crois bien que cette année pour Thelonious a un tempo.

Il est compris quelque part entre 140 et 160 pulsations à la minute. Ce tempo magique, c'est celui que cherchent *tous* les morceaux de « *It's Monk's Time* ». Tous dans cette fourchette. C'est une pulsation détendue quoique rapide ; c'est un tempo trompeur, *allegro ma non trompo,* on croit pouvoir l'entendre toute la journée, mais il faut un cœur de coureur cycliste pour soutenir longtemps des efforts pareils. Monk disait avec ironie que les batteurs connaissaient en général trois tempos : lent, médium et rapide. L'année 64 me semble passée à arpenter sans relâche ce quatrième tempo, médium-rapide, si immédiatement assimilable à la musique de Monk. Un sentiment de confort et de vitesse en même temps. On pousse le compteur à 180, et l'on perd cette impression d'élégance désinvolte, on bascule dans un temps plus fébrile, plus tendu. De même, si on ralentit à 120, on entre de plain-pied dans les tempos médium, ce n'est plus du tout la même chose.

La fourchette 140-160, c'est là que tout se passe. On s'arrache au médium pour s'envoler vers le rapide. Où cela se décide-t-il ? Quelque part entre 140 et 160. Oui, mais où ? Monk a toujours été intéressé par cette sorte de zone grise où les choses en musique semblent se décider d'elles-mêmes. Écoutez ses notes de mélodie « frottées », distantes d'un demi-ton seulement et jouées en même temps, de telle sorte que l'oreille a du mal à se décider pour l'une ou pour l'autre ; ces accords, qui contiennent en eux et la tension harmonique, et sa résolution ; son expression rythmique, toujours à cheval entre la croche et la croche pointée : Tout en montrant les signes de l'assurance la plus intransigeante, il prend plaisir au contraire à laisser planer le doute... il fait flotter sa pensée en équilibre, il suspend le temps... le fait durer... mais à sa façon... Monk's time... va-t-il laisser l'oreille décider ? Et puis le couperet tombe ; d'un index seulement, après l'avoir mise en infini péril, il réinvente la densité.

Et jouer à ce jeu à 150, c'est du grand art ! Tempo instable par excellence ! Entre le liquide et le gazeux ! Très volatil ! Et pourtant cette impression de facilité... d'existence palpable... Toute une année comme ça... quelle santé ! Tout l'orchestre pousse le moteur, le compteur bloqué sur le fameux tempo. L'autoroute ! En tournée neuf mois de l'année, ils se sont mis en vitesse de croisière. Larry Gales est plein d'humour, et il dessine, à sa manière inimitable, des lignes de basse aussi malicieuses que précises. On dirait qu'il adopte ce tour d'esprit si propre à Thelonious, qui consiste à résoudre les tensions harmoniques et rythmiques le plus tard possible. Il tourne autour du pot, Gales. Il s'amuse à se mettre à l'envers, à l'endroit, à l'envers, il fait des petits loopings. Sinueux détours, visant très en avance le point de son heureuse chute. Et tout en demi-teintes, s'il vous plaît ! Rien d'apparent ! Le tempo avant tout ! S'il tire quelque chose, c'est le rythme, pas la couverture ! Mais quand vient le moment de son solo, alors il se laisse un peu aller, cite Duke Ellington, tourne et retourne une idée simple avec la patience du chat pour une souris et va chercher tout le bois qu'il peut y avoir dans la sonorité de son instrument.

Et lorsqu'il réintègre au terme de son solo sa place dans la section rythmique, c'est pour retrouver à ses côtés la bienveillante présence de Ben Riley, le collègue, le compère. On peut dire qu'entre 64 et 68, ils auront fait du kilomètre ensemble, ces deux-là. Des instruments souvent loués sur place, des sonos parfois désastreuses, des trains, des bus, des avions, des bateaux, des galères, et tous les soirs une seule consigne : faire sonner les morceaux, tenir le tempo. S'il y avait une carte de fidélité aux heures de tempo tenu, ils auraient gagné plusieurs voyages ! Ou une place au paradis du jazz ! Ou les deux ! Riley professe une esthétique musicale simple et belle : moins il en met, mieux on l'entend. Il n'utilise quasiment que les éléments fondamentaux de la batterie : grosse caisse, caisse claire, cymbale, charleston. Un par membre. Le reste, c'est de temps en temps, quand il faut vraiment. De sa simple caisse claire, il tire vingt sons différents, allant du soupir caressé des balais à l'explosion combinée avec la grosse caisse. Entre les deux, un large éventail de frappes qui font chanter la peau tendue avec un soin et une précision indéfectibles. Moins, c'est plus, c'est bien connu. La place de ses accents, toujours choisie avec goût, désigne une subtilité quasi diplomatique. Car il faut rester au four avec la basse, mais monter au moulin avec Thelonious, le meunier fou. Pas facile d'être batteur chez

Monk Certains, comme Blakey, confronteront leur ego au sien, rencontre au sommet. D'autres choisiront de « pousser » sa musique avec toute l'énergie et l'intelligence possible : Frankie Dunlop. Mais Riley tente l'impossible : s'effacer tout en restant présent. C'est cela, sa solution ; toujours là quand il faut, mais jamais dans les pattes. Shadow Wilson était comme ça, aussi. Cela demande beaucoup de tact, et donc d'humilité et d'amour pour la musique de Monk.

Thelonious avait donc trouvé en Gales le malicieux et Riley l'économe deux disciples dévoués à sa cause, qui mettaient chacun en application une facette de sa propre esthétique. N'oublions pas Rouse, qui semble habiter à l'intérieur de cette musique, et on a un quartet parfaitement équilibré : il détient tout naturellement le record de longévité. Cette cohésion est pourtant mise à rude épreuve, car le groupe tourne énormément : entre 64 et 68, quatre tournées en Europe, une en Australie (un flop, d'ailleurs) et une au Japon. Ça, c'est uniquement pour les déplacements intercontinentaux, je ne parle pas des innombrables tournées nord-américaines ni des dates en club, beaucoup plus faciles à organiser. Et quand l'orchestre est sur la route, c'est le plus souvent pour des « one-nighters », des concerts uniques, chaque soir dans une ville ou un pays différents. Au hasard, la tournée européenne de mars 65, telle que j'ai essayé de la retracer :

1965	03	03	Stockholm
		06	Paris
		07	Paris
		08	Bremen
		09	Köln
		10	Mayenz
		12	Scheveningen
		13	Amsterdam
		14	London
		17	Birmingham
		18	Manchester
		21	San Remo

Puis, sans débotter, tournée en Australie immédiatement après, plus un mois sur la côte ouest des États-Unis, sur le chemin du retour. Du 26 février au 16 mai, concerts non-stop. Une journée typique en tournée . réveil à huit heures pour prendre le bus qui conduit à l'aéroport. Onze heures, l'avion s'envole. Une heure, il atterrit. Bus, hôtel, presse. Sieste. Cinq heures : balance son, éclairages de la salle. Contact avec les indigènes, sympathiques et dévoués, mais qui parlent une drôle de langue. Sept heures, c'est l'heure du dîner. Pour peu qu'il y ait une première partie, concert à 10 heures. On joue, on joue, on joue. À minuit, le dernier rappel. On décompresse, on boit un coup, on bouffe, on papote : au lit vers deux-trois heures. Et ça recommence. Comme ça pendant trois mois. Fatigant.

Et quand chaque membre du quartet connaît par cœur *toutes* les figures, *toutes* les phrases des trois autres, il faut une sacrée cohésion pour pouvoir tenir comme ça pendant quatre ans ! Il faut aimer la musique ! Découragement, petit bras, crise de foi : interdits ! La musique, la musique ! Mariage forcé ! Toujours envie ! Fameuse épreuve !

D'autant plus que le contrat avec Columbia arrive à terme. Faut-il le reconduire ? Cela ne semble pas faire de doute. Mais sous quelles conditions ? On prononce le nom de Monk dans toutes les langues et c'est l'heure de la gloire. Mais une boîte comme Columbia Records a, selon l'expression consacrée américaine, *des comptes à rendre à ses actionnaires.* Alors dans les bureaux du label, il y a une porte avec marqué « Business Affairs », derrière laquelle se trouve un homme qui fait des comptes : Monk, plus, moins. On l'a beaucoup enregistré, en trois ans. Trop pour les ventes. Mauvais rapport. Téléphone, j'imagine, à Macero : plus d'argent, arrêtez tout, un album par an. Dont acte : en trois ans, trois albums, huit dates d'enregistrement en tout et pour tout, avec en plus, mais je ne le compte même pas, un duo Brubeck/Monk enregistré live à Mexico (pour Brubeck) le temps d'un blues... d'Ellington. J'imagine aussi que l'avance que Monk a touchée à la reconduction du contrat fut revue à la baisse... Son label le lâche, Thelonious. Merci mon vieux, mais on voudrait quelque chose de plus moderne. Vous ne voulez pas prendre une guitare électrique dans votre orchestre ?

Dur, dur. On lui fait comprendre qu'il est vivant depuis un peu trop longtemps. Un sentiment peu réconfortant. Les musiciens qui ont survécu au grand fauchage des années 50 ont su évoluer : Miles, Dizzy, Rollins commencent à la fin de la décennie suivante à toucher à la musique électrique. Ils vieillissent avec leur temps. Mais Monk, son temps à lui n'a rien à voir avec celui des autres... Il n'est pas moderne, il n'est pas classique, il est Monk. Et c'est précisément cela qui fait que sa musique perdure, et perdurera tant qu'il y aura des oreilles. Et qu'elle continuera de refaire surface dans deux, dix, vingt générations. Même un martien entendrait ça.

Mais chez Columbia ils ont l'œil rivé sur l'avenir immédiat, et ce qu'ils voient, c'est qu'ils ne vont pas pouvoir traire la vache à Monk encore très longtemps... Ils ne peuvent pas attendre vingt ans que ça reparte... il y a les actionnaires... et puis il en a fait plein, des disques, et tous bons... pour placer le prochain, il faut vraiment qu'il soit plus frais que les autres...

Pourtant les deux premiers enregistrements

gravés à cette période, « *Straight, No Chaser* » et « *Underground* », témoignent d'une sève encore intarissable. Tous les tempos y sont balayés avec une égale superbe. Monk ne se fend pas moins, pour « *Underground* », de quatre compositions originales, dont une valse, *Ugly beauty*, la première en cinquante ans. Il a même composé, spécialement pour sa fille qui est là dans le studio un *Boo Boo's birthday* ambigu, délicieux. Plus le premier morceau en trio (*Thelonious*) enregistré depuis ses débuts chez Riverside, onze ans auparavant. Ce sont des albums d'une maturité, d'une sûreté éclatantes. De 65 à 67, il sillonne l'Europe, le Japon et bien sûr les États-Unis. Il reforme son big band pour une tournée européenne, et c'est à nouveau un énorme succès. Il participe même à un orchestre « all stars », les Bop Fathers, avec Dizzy Gillespie, James Moody, Milt Jackson, Percy Heath et Max Roach : tous les vieux copains. Il ne subsiste hélas pas d'enregistrement de cette tournée américaine mais, s'il faut en croire les comptes rendus, la musique est à la hauteur de la qualité qu'on peut attendre d'un tel groupe.

Monk a donc deux fers au feu : d'une part un label dont le support semble faiblir, et d'autre part son groupe avec lequel, depuis 61, il écume la planète. Mais ça commence à sentir le roussi : à force de jouer comme ça, tout le monde aura bientôt entendu Monk. Il ne reste plus beaucoup d'endroits sur le circuit habituel où son groupe n'ait déjà été accueilli. Les prédictions des gars de chez Columbia vont donc finir par se réaliser : à force de continuer comme ça, Monk va bientôt passer de mode. S'il fallait écrire un *Que sais-je ?*, tout en sept, sur la vie de Monk, je proposerais d'ailleurs un plan du type :

1. 1917-1927 : Naissance d'un génie
2. 1927-1937 : Enfance d'un génie
3. 1937-1947 : Les classes
4. 1947-1957 : L'ascension
5. 1957-1967 : La gloire
6. 1967-1977 : Le déclin
7. 1977-1982 : le silence

On voit où je veux en venir. Monk arrive au seuil de saturation. La roue tourne. Les masses ne se déplacent plus pour écouter du jazz, mais du rock, de la pop, les Beatles, des choses qui vendent vingt fois plus. C'est l'heure du marketing. Ah, il est loin, le temps où quelques Noirs contestataires réinventaient la musique et la dignité au Minton's Playhouse. Il faut vendre, mon vieux, changez de look, le jazz n'est plus branché. Combien ironique à ce titre est la récompense obtenue aux Grammy Awards par l'album « *Underground* », pourtant d'une qualité exceptionnelle, non pour son contenu, mais pour sa pochette... tout dans la façade, comme dirait Bourvil, tout dans la façade... Monk, primé pour sa couverture — fort belle au demeurant... Oh, il va continuer à jouer... mais dans des contextes de moins en moins appropriés... dans des stades, pour des galas, des endroits absurdes, énormes... on approche des années 70... on fait les choses en grand... il fait partie des meubles, maintenant... Les nouvelles promesses, au piano, ce sont des petites terreurs qui s'appellent Herbie Hancock, McCoy Tyner, Chick Corea. Le jazz-rock est en train de mijoter en arrière-plan, et la musique, subitement, va évoluer très vite...

Columbia tente donc de suivre le mouvement, et, pour son dernier disque chez eux, propose à Monk non pas de jouer du piano électrique, mais d'enregistrer en big band. Pas celui de Hall Overton, nouveauté oblige. On va faire arranger tous ses grands succès par un orchestrateur de jazz dont l'album « *The Blues and the Abstract Truth* » a déjà révélé un sens aigu de l'économie esthétique. Il s'est installé à Los Angeles depuis 67, où il écrit pour le cinéma et la télévision. C'est le candidat rêvé pour un « élargissement » de la musique de Monk : jazzman averti, il connaît néanmoins les ficelles exigées d'un arrangeur pour que son travail soit vendable auprès de tous les publics ; il s'agit d'Oliver Nelson. L'intention est honorable, quoique avec un arrière-goût indéniablement sulfureux. Monk en musique de série télé, on n'a jamais vu ça.

Nelson va donc se pencher sur les compositions de Thelonious, et leur donner une patine californienne du plus bel effet. Nappage glacé, avec sauce chocolat, noisettes pilées et crème Chantilly. Toutes les épines du cactus Monkus sont soigneusement peignées, polies, puis limées. Ses interventions pianistiques, plutôt sobres, sont encadrées par le grand orchestre avec précision et efficacité. Du beau travail de professionnel, de la véritable chirurgie esthétique. La Bête de toujours devient la Belle d'un soir. Le résultat, on s'en doute, est incroyablement *kitsch.* Intéressant quoique prévisible retournement de situation : en voulant moderniser Monk et en le dépossédant du contrôle de sa musique, on le précipite en bas de son hiératique piédestal, pour en faire une sorte d'artiste passager comme les autres, un produit qui se démode vite...

D'ailleurs, c'est la première fois dans sa carrière qu'il trempe dans une affaire aussi louche. Depuis le début de sa longue carrière, Monk fait de la résistance. Tout le monde, même les plus grands, a sorti au moins une merde dans sa vie, un moment de faiblesse, un truc pas très contrôlé... Mais lui, jusqu'à présent, jamais. Et pour cause : il joue toujours la même chose !

Pas de risques d'erreur ! Label Monk garanti ! Mais là, à cinquante et un ans, il baisse les bras une seconde, et la monkmobile commence à déraper... Pas de façon spectaculaire, la musique est toujours bonne, mais on sent qu'il ne tient plus le volant d'une poigne aussi sûre. La main de fer se relâche un peu, et du coup la route ne semble plus aussi droite...

Cet album, intitulé avec une involontaire clairvoyance « *Monk's Blues* », le blues de Monk, marque ainsi le début d'un éparpillement de sa musique qui n'ira qu'en s'accentuant. S'il a explosé, comme on dit, dans les années 60, eh bien maintenant c'est l'heure des retombées.. Tout se désagrège autour de lui. Il quitte Columbia sans signer pour un autre label. Monk est en solde. Larry Gales et Ben Riley vont se séparer de lui en 69, pour être remplacés par une myriade de rythmiques éphémères. Même Rouse, en 70, finit par se retirer, en plein milieu d'une semaine au Vanguard (que s'est-il passé ce soir-là ?) après douze ans de bons et loyaux services, ses douze plus belles, plus riches années. Pat Patrick, puis rapidement Paul Jeffrey lui succéderont, et ce dernier tiendra le pupitre jusqu'à la fin, avec une musicalité et un amour émouvants. Mais il est d'une autre génération, il y a des choses qu'il ne peut pas avoir vécues avec Thelonious, il n'y a rien à faire, la page est tournée.

Et puis il y a le marché entier du jazz qui n'en finit pas de s'écrouler. Ça ne se vend plus. Les concerts se font plus rares. La seule issue, c'est celle du gigantisme. Le promoteur George Wein en est comme on l'a dit le visionnaire le plus précoce ; le succès rencontré par son Festival de Newport l'amène à en organiser d'autres, dans d'autres villes, puis d'autres pays (même à Tōkyō), souvent même sous le label « Newport Festival ». Autrement dit, quand on signe avec Wein, on a du boulot pour la moitié de l'année. Et quand les temps deviennent durs en 71, le promoteur met sur pied un nouvel orchestre dont les membres ont du mal à faire tourner leur propre groupe, réunit Kai Winding, Sonny Stitt, Dizzy Gillespie, Al McKibbon, Art Blakey et Thelonious, et vend cette réunion exceptionnelle sous le nom « The Jazz Giants ». Et c'est reparti pour un tour : de septembre à novembre, vingt-neuf concerts, un tous les deux jours, en Australie, en Nouvelle-Zélande, puis au Japon, puis en Israël, puis en Europe, puis aux États-Unis. Ça n'a pas beaucoup de sens. Chacun fait son petit tour de piste, visitez le musée du jazz pour trois dollars cinquante. Performance individuelle impeccable, six concerts pour le prix d'un seul.

J'ai demandé au pianiste Ahmad Jamal pourquoi il n'avait jamais enregistré avec Miles Davis qui pourtant lui vouait une profonde admiration. D'un bref mouvement de la main, Jamal balaya l'absurdité de la question, mais prit tout de même la peine de laisser tomber :

— Deux leaders.

Sauf que là, ce n'est pas deux, mais cinq. Le résultat, on s'en doute, manque cruellement d'intérêt. Monk se confine scrupuleusement à son rôle d'accompagnateur avec une humilité et un métier remarquables. En fait, j'ai l'impression que c'est Dizzy qui tient le rôle de chef officieux du groupe. Comme il est un showman consommé, lui confier l'organisation de cette réunion d'artistes relève du simple bon sens. Mais du coup cela tire l'orchestre vers le spectaculaire, le sensationnel. Un des titres du répertoire n'est-il pas une composition de Dizzy intitulée *Tour de force*? Le trompettiste va même jusqu'à prendre le piano dans un duo sur *Tin tin deo* avec le bassiste Al McKibbon... il faut le faire, quand on a Monk à sa disposition... Mais Thelonious se fait tout petit : derrière Kai Winding, il adoucit l'acidité de son accompagnement, comme pour ne pas gêner ce tromboniste avec lequel il partage aussi peu de choses ; avec Sonny Stitt, pareil. Avec Dizzy, il se permet parfois quelques accents plus audacieux, mais bien modestes, quand on sait de quoi il est capable... et si c'est à lui de prendre le devant de la scène le temps d'un solo, il le fait avec son habituelle franchise, mais sans l'éclat ludique qui caractérise ses propres enregistrements. La paie est bonne, il fait l'affaire. Blakey est furieux de voir son ami de toujours réduit à ce rôle ingrat et mercantile d'accompagnateur, comme étriqué dans un costume trop étroit. Il gueule contre Dizzy qui, de l'immense répertoire de Monk, ne se souvient guère que de *Round midnight* et *Epistrophy*, alors que le pianiste joue de mémoire tous les grands succès du trompettiste. George Wein confie même que Dizzy n'en revenait pas du succès que remportait, dès les premières mesures, l'exécution de *Blue Monk*. C'est une disgrâce, fulmine Blakey, de ne pas montrer plus de respect pour l'œuvre du pianiste, et de jouer aussi mal sa musique... Monk est sans chapeau, il n'ouvre pas la bouche de toute la tournée, et s'enfonce dans un mutisme que l'on peut croire indifférent, et que l'on sent résigné. Monk muet s'éparpille.

Mais à Londres, lors du premier passage dans la capitale de cet orchestre, Alan Bates, producteur du label anglais Black Lion, saisit comme on le sait avec une intuition remarquable la chance qui met entre ses mains Monk, Blakey et McKibbon. Août 51, novembre 71 : le même trio que celui de chez Blue Note, vingt ans après. Le pianiste n'a plus de contrat d'exclusivité avec qui que ce soit, le batteur ferait n'importe quoi pour son ami, et le bassiste, en bon accompagnateur, est partant pour tout. Ça vous dirait de passer au Chappell Studio dans l'après-midi, histoire de mettre quelques morceaux sur bande ? Avec plaisir, qu'est-ce qu'on enregistre ? Bah, on verra bien.

Aucune des conditions psychologiques nécessaires à un bon enregistrement ne sont réunies pour cette session. Monk est épuisé par deux mois de tournée avec un orchestre de circonstance, dans lequel ses propres compositions sont traitées avec une humiliante désinvolture. Le studio est rempli de journalistes, producteurs et autres amis dévoués qui tentent tous de mettre leur grain de sel dans cette session qu'ils sentent historique. Il n'y a pas vraiment de programme pour l'enregistrement, aussi les suggestions, fébriles, s'engouffrent en spirale dans le silence de Thelonious. Vous ne voulez pas jouer du Jimmy Yancee, Thelonious ? Et *Criss cross*, vous ne voulez pas faire *Criss cross* ? Un blues, ce serait formidable, vous ne trouvez pas ? L'enregistrement est une affaire assez privée, et d'avoir tout ce monde derrière la glace qui sépare l'orchestre de l'ingénieur du son devait avoir quelque chose d'exaspérant. Il n'est pas un singe, qu'est-ce qu'ils ont tous à s'exciter et à le regarder comme ça ?

Et puis Al McKibbon est bien embêté, parce que le répertoire de Monk, ça fait vingt ans qu'il ne l'a plus joué ; depuis, il y a eu du neuf, et pas le genre de neuf qui s'apprend en deux minutes. Blakey, quant à lui, voit la situation avec les mêmes yeux que ceux de Thelonious, sauf que lui, il verbalise. Et quand il verbalise, ce n'est pas dans la dentelle. Mais il comprend lui aussi que cette session a quelque chose d'unique, d'inespéré, sa dernière chance d'enregistrer avec son pote avant que celui-ci ne se referme comme une huître... il n'en est pas loin, ça se voit bien ce genre de choses, en tournée... alors il essaie d'y mettre du sien... Tout le monde est sous pression... que va-t-il se passer ?.. Thelonious va-t-il assurer ?...

Bien sûr qu'il assure. Et royalement, même. Un peu rouillé, certes, ça fait deux mois qu'il fait le clown, mais il tient le cap sans faiblir. Comme d'habitude, du pur Monk. Toujours prêt. Il est né prêt, Thelonious. 41, 51, 61, 71, même combat. En trois heures, il enregistre treize morceaux en solo, et dans les trois heures qui suivent neuf morceaux en trio. En six heures de studio, l'équivalent de trois CD. Ça, c'est du boulot. À l'ancienne. Laissez tourner les bandes, je m'occupe du reste. Blakey retrouve instantanément ses marques avec le pianiste, et s'il écorche sur certaines prises un détail d'un thème de Thelonious (ils n'ont pas enregistré ensemble depuis 1958), il prouve à cette occasion qu'il a ce don rare de pouvoir se tromper tout en sonnant juste. McKibbon emboîte le pas avec une assurance parfois aveugle (quelques versions en solo sont en fait des répétitions pour le bassiste ; quand on écoute *Crepuscule with Nellie*, on entend très loin, au fond, McKibbon qui tente d'attraper d'oreille les notes de basse), mais qu'importe, Monk est aux commandes. Pour peu qu'on se donne la peine de lui faire jouer sa musique comme il l'entend, il délivre son message avec une clarté et une conviction inaltérables.

Bates a eu le bon sens de faire tourner les bandes dès l'arrivée de Monk au studio. Aussi peut-on entendre, sous le titre astucieux de *Chordially* (accordialement), les tâtonnements de Monk sur le piano qu'il decouvre au studio. C'est étonnant ; il cherche des couleurs, des sons, des phrases, il ne peut pas s'en empêcher. Il ne fait pas des exercices d'assouplissement des doigts, non, il noue tout de suite avec son instrument un rapport essentiel. Il lui fait tout de suite dire de la musique. Mais il cherche en même temps : à cinquante-quatre ans, il continue d'extraire des sons nouveaux de ce clavier qu'il a tant labouré... un piano ? qu'est-ce que c'est ? comment ça marche ? il est chargé, vous croyez ? si j'appuie là, qu'est-ce que ça fait ? Et il extrait de ce gros meuble des accords épais et profonds, d'où s'élèvent comme d'elles-mêmes des mélodies hésitantes mais robustes. Vingt fois, on croit qu'il va basculer vers une de ses nombreuses compositions, vingt fois on croit reconnaître un enchaînement d'accords qui appelle un air connu, mais non, il continue de chatouiller la musique toujours plus loin, plus *à côté.* Il n'a pas tout dit, Thelonious ; si on lui en laisse l'occasion, il a encore des trucs sous le coude, des machins qui mijotent à petit feu...

Sauf que des occasions, il n'y en aura plus. Ce disque constitue le testament de Monsieur Monk. Il se penche donc sur sa jeunesse. *Criss cross,* enregistré avec le même trio vingt ans auparavant ; *Evidence, Misterioso, Ruby, my dear,* des mêmes années Blue Note, *Little rootie Tootie, Trinkle tinkle, Nutty,* des années Prestige, que des vieilleries revisitées avec une assurance de jeune homme. Des standards, des compositions, il va chercher au fond de sa mémoire ce qui doit lui sembler le plus digne de passer à la postérité. Il sait ce qu'il fait, Thelonious. Il sait que sa vie est en train de s'assombrir, et que la lumière ne pénètre plus que rarement dans les caves de son mutisme. Cette session n'a pas pris une ride. Monk n'aurait pu mieux achever sa propre discographie.

Au milieu de ces années troublées, un réconfort : son fils, qui apprend la batterie et qui a en 70 vingt et un ans, s'intéresse à sa musique. Tootie raconte qu'à cette époque la mode voulait que l'on construise soi-même ses propres baffles de chaîne stéréo. En bon bricoleur amateur de rock, il s'était construit une énorme enceinte, une seule, qu'il se proposait une fois achevée de tester avec ses propres disques. Il n'était jusqu'à présent guère sensible au génie de Thelonious senior, qu'il tenait pour acquis sans pleinement le comprendre. Plutôt que de risquer de griller son baffle avec un disque de Jimi Hendrix, il choisit donc dans la collection de son père un vieux disque de chez Prestige, sûr qu'un enregistrement aussi inoffensif ne pouvait mettre en péril sa nouvelle installation. Il met donc le disque sur la platine, puis va se coller l'oreille à l'enceinte, pour mieux écouter le son de celle-ci. Le malheureux ! Il avait mis *Work* ! Une des compositions les plus ébouriffantes du pianiste ! Il est fauché sur place. Au diable la chaîne, il augmente le volume, et repasse le morceau, une, deux, cinq, dix fois. La vérité fond sur lui : son père est indéniablement génial. À la lumière de cet incident, il avoue d'ailleurs comprendre les critiques qui mirent tant de temps à apprécier la beauté de sa musique. Il faut vraiment l'*écouter* pour la goûter : n'a-t-il pas mis, lui son fils, vingt et un ans à la comprendre ? Et comme par hasard, une semaine après, Thelonious demande à son fils : Tu es prêt ? Junior comprend et n'hésite pas. Deux jours plus tard, le nouveau quartet enregistrait une émission de télé sur une chaîne nationale. C'était en 70, et

Tootie ne partit pas au Japon avec le quartet cette année-là, mais fera partie du groupe régulier de 71... jusqu'à la fin.

La fin. On la sent qui approche. Monk est de plus en plus souvent « malade ». Une deuxième tournée en 72 des Jazz Giants constituera son dernier tour de piste avant une retraite dont il ne sortira plus qu'en de rares occasions. Ses amis s'agitent, s'attristent de son mutisme et persistent à jouer sa musique, même en son absence. Tootie, Paul Jeffrey et Barry Harris organisent en avril 74, avec une brochette impressionnante de musiciens, un concert à la gloire de Thelonious. La musique de celui-ci est arrangée pour cuivres et pour cordes, le projet est ambitieux. Thelonious viendra-t-il ? On ne le pense pas. Et puis, quelques secondes avant le début du concert, le rideau s'agite, une tête apparaît, c'est Monk ! Hourrah ! Barry Harris, fou de joie, cède le clavier au Maître qui, d'une main sûre, emmène encore une fois tout l'orchestre aux sommets de l'excellence !

Puis en juillet 75, il ressort de son mutisme pour présenter son quartet composé de son fils, de Paul Jeffrey et de Larry Ridley au Philharmonic Hall (maintenant Avery Fisher Hall), en dernière partie d'un programme bien rempli qui propose le même soir le groupe qui monte, Oregon, ainsi que la nouvelle star du piano, Keith Jarrett. Oregon fait un tabac. Entracte.

Keith Jarrett arrive, fait enlever le couvercle du piano, positionne avec soin les micros au-dessus de l'instrument. Il joue particulièrement bien On trépigne de joie dans la salle. Entracte. Too tie raconte que, durant tous ces préliminaires, il redoutait d'être le spectateur impuissant du sacrifice de son père, immolé sur l'autel de la jeunesse et de la nouveauté. Comment un vieux ringard comme lui peut conquérir une audience aussi évidemment *moderne* ? L'ingénieur du son se penche vers Monk et lui demande, échaudé par son expérience avec Jarrett, comment il veut disposer les micros de la sono Avec sa désinvolture habituelle, le pianiste montre son instrument du doigt, lève un demi-sourcil et dit :

— Eh bien, au-dessus du piano, j'imagine...

Puis le rideau se lève... les cœurs se serrent... et en quelques mesures Monk efface la musique qui le précédait. Balayés Oregon, Jarrett, les micros, le public, le temps qui passe, les rumeurs, la solitude, l'oubli. Envolés les nouveautés, le modernisme, le beau piano, les nouvelles dimensions. Ici, on parle la vérité. *I mean you, Ba-lue Bolivar ba-lues-are ba-lue, We see, Misterioso, Round midnight.* Thelonious Monk, the genius of modern music. Le public ne s'y trompe pas, et lui offre une immense, inextinguible ovation. C'est du délire. Comment ne pas l'admettre ? Ça tombe sous le sens !

Il reviendra au Carnegie Hall en mars, puis en juin 76, avec la même section rythmique et le même saxophoniste auxquels s'ajoute le trompettiste Lonnie Hillyer, puis semble-t-il le guitariste Rodney Jones. Pas de trace enregistrée, juste une revue de concert par son admirateur de la première heure Ira Gitler, qui décrit, faut-il s'en étonner, un Thelonious imperturbable, identique à lui-même, toujours acide, toujours jeune, toujours bon. Et puis c'est la fin. Au terme des années 70, une opération de la prostate, suivie d'une intervention à la vessie, l'obligent à se déplacer avec une sonde et une petite poche d'une humiliante trivialité. Quand ses amis l'appellent au téléphone, il leur répond le plus souvent par monosyllabes. Non, ça ne lui ferait pas plaisir de les revoir. Non, il ne veut pas jouer avec ses anciens compères des riches heures du bebop. Non, il ne veut plus jouer du tout. Non, il ne veut même pas sortir pour les entendre en club. Non, il ne joue plus de piano. Non. Non. Non.

Rideau.

12

Fondu au noir

Le silence final de Monk semble une énigme. Le pianiste se retire progressivement du monde, puis, tout simplement, n'existe plus. *Fondu au noir.* Oh, on sait qu'il est encore vivant, le bruit court qu'il est à Weehawken, chez Pannonica, mais il n'en sort plus et les quelques amis acharnés qui lui téléphonent n'obtiennent le plus souvent qu'un succinct grognement. On a souvent écrit que les fameux silences musicaux de Thelonious auraient fini par prendre possession de la fin de sa vie. Qu'il serait allé « au bout de son système », se raréfiant jusqu'au néant. On fait le pont entre son mutisme personnel et l'économie de sa musique. Comme si, par un effet de vases communicants, sa vie payait le tribut de la spécificité de son art. Mais comment expliquer alors qu'il se tait, comme on l'écrit, parce qu'il n'a plus rien à dire ? Il avait si peu à dire avant ? Est-ce cela, la signification de ces silences dans sa musique ? Et puis beaucoup d'autres artistes se sont appuyés sur ce procédé, Jamal, Miles, Basie... ils ne passent pas la fin de leur vie en isolement volontaire...

Car il y a deux silences chez Monk. Il y a celui de l'homme qui vit et qui observe ce qui se passe autour de lui, et il y a celui du musicien qui fabrique de la musique. Ils sont très différents, car l'un subit le temps et l'autre le crée. Non, s'il y avait un lien mystique à faire entre la fin de la vie de Monk et sa musique, je le verrais plutôt dans son rapport avec la *forme*. On a vu plus haut le peu d'attention qu'il lui portait, comme à une nécessité de second ordre. Depuis toujours dans son groupe, les solos se succèdent tant qu'il y a du monde pour improviser ; quand tout l'orchestre a joué, on expose la dernière mélodie : une structure simple et classique qui évite les mauvaises surprises. Mais comme Thelonious avance dans la vie, on le surprend parfois à finir ses solos de façon évasive. Chez la plupart de ses contemporains, une fin de solo est une ponctuation qu'ils mettent un point d'honneur à jouer avec toute la clarté et la conviction dont ils sont capables. Ils envoient ainsi un message clair : J'ai parlé ; au suivant. Mais Monk, dans sa géniale indifférence formelle, prend l'habitude d'achever ses interventions par des phrases de plus en plus rares. Va-t-il passer la main au soliste suivant ? A-t-il vraiment tout dit ? Oui ? Non, car le voici qui continue de jouer, personne ne sait très bien quoi faire, il ne joue plus vraiment des phrases à proprement parler, ce sont des accords, parfois deux notes se distinguent, une promesse de suite, mais non, il continue de s'effilocher, de plus en plus, est-ce bien la fin ? On est au milieu de la grille, que faire, un solo débute toujours en *début* de grille, on ne commence pas en plein milieu... Il faut vraiment la mâle assurance de Rollins ou de Blakey pour se prendre au jeu et poursuivre là où Monk s'est arrêté...

Dans sa musique comme dans sa vie, Thelonious *ne met pas les formes.* C'est vrai au sens trivial de quelqu'un qui ne s'embarrasse pas des conventions sociales, mais aussi au sens profond d'un homme qui ne structure pas sa vie comme les autres. Il ne fait pas carrière, comme on l'entend généralement, c'est le monde qui pendant dix ans s'attache à son génie. Aussi, quand son audience décroît, il ne tente pas de conserver un petit circuit de festivals qui lui assurerait une paisible vieillesse. Comme si ses dix ans de gloire avaient été un long et superbe solo, qui, à la fin des années 60, venait à s'achever : raréfiant ses apparitions, il cède ainsi la place aux nouveaux improvisateurs. Mais là encore la forme n'est pas nette, et on continue longtemps à croire dans le milieu du jazz à un retour du prophète ; ce fameux concert de 74 au Carnegie Hall, où il se matérialisera soudain devant un

Barry Harris éperdu de joie, le prouve assez. Et ce n'est que quand on ne le voit plus *du tout* que l'on comprend que Monk a joué son dernier solo.

Mais la question demeure : pourquoi arrête-t-il ? Pourquoi ne pas continuer quinze, vingt ans ? Il a passé une moitié de sa vie à batailler pour que son talent soit reconnu, alors pourquoi ne pas goûter, quand ils mûrissent enfin, les fruits de ces efforts ? Quand on est musicien, on l'est pour toute la vie, on ne s'arrête pas en cours de route... Les grands jazzmen jouent jusqu'au bout et ils meurent les bottes aux pieds... fauchés sur scène, comme Molière, c'est la tradition...

Miles a bien flirté avec ce paradoxe et s'est enfermé, blasé de tout, pendant plusieurs années. Rollins lui aussi a tout arrêté, dans sa quête de sagesse. Mais ce ne fut que pour mieux renaître de cette éclipse, et clamer à nouveau, d'une nouvelle voix, leur désir impérieux de jouer. Il faut que ça sorte, sinon la vie est trop pénible. Freud a écrit très justement qu'un artiste est un névrosé qui se soigne lui-même. Jamais, je crois, on n'a été aussi près de cette vérité essentielle qui commande au destin d'un musicien. Même enfermé dans la sinistre cellule d'un hôpital psychiatrique new-yorkais, Bud Powell dessina sur le mur un clavier de piano, qu'il s'entendait jouer en silence... Mais dans le cas de Monk cela semble dépasser le stade de l'automédication... on ne sait pas très bien où est la cause, et où est l'effet... un gros bloc réfractaire...

Il a toujours été bizarre, Thelonious. Ses amis, qui le connaissent, disent qu'il a sa logique à lui. D'autres prétendent qu'il n'est pas fou du tout et que c'est pour se donner un genre qu'il se comporte de la sorte : en vieillissant, il se serait pris au jeu... Mais on sent derrière tous ces témoignages un malaise que dissimule mal cette nonchalance. Car de temps en temps Monk disjoncte complètement. Les petits pas de danse et les remarques incongrues cedent alors le pas à une intensité fébrile. Il se met à marcher de long en large dans une pièce, pendant des heures de suite. Il ne dit rien pendant trois jours et reste pourtant debout, sans dormir, tout en grinçant des dents... puis il s'effondre comme un chêne que l'on aurait scié et reste couché durant quarante-huit heures... Son regard devient vide, il semble prisonnier d'un mal qui le ronge, le détruit et dont il ne peut parler... il est capable de rester assis huit heures de suite sans lever le petit doigt... ou de marcher devant lui, dans une ville inconnue, jusqu'en rase campagne, où il se fait ramasser par une voiture de police...

Oui, fou. Monk est fou. Il a des crises. Il est malade, il le sait et il sent, quand elle monte, la vague qui l'emportera très loin du monde des autres hommes. D'aimable original, il devient subitement quelqu'un de très inquiétant. Un voile sombre semble s'élever des profondeurs de son esprit et plier tout son être à son emprise. En quelques heures, il coupe un à un tous les ponts qui le rattachent encore au monde réel, s'isolant malgré lui dans une forteresse dont les murs s'épaississent de minute en minute... Fou. Monk est fou.

Il a, comme on dit, une histoire clinique. La première manifestation dont on possède un témoignage documenté a lieu en 59. A-t-il fréquenté des hôpitaux psychiatriques avant cette date, je ne le sais pas. C'est probable, quoique Thelonious soit très prudent : durant les années 50, qui précèdent son succès, il ne quittera que rarement New York, qui lui sert littéralement de *garde-fou* : sous le contrôle affectueux de Nellie et de ses proches, Monk est immédiatement ramené à la maison en cas de pépin. Et lorsqu'il doit se rendre hors de la ville pour un de ses rares engagements, il est en principe accompagné de Nellie. C'est donc quand il est loin de chez lui, sans sa femme et en proie à une « crise », que Monk est le plus susceptible de s'attirer des ennuis. C'est ce qui arrive en 59.

Devant se produire à Boston au club de George Wein, le Storyville, il laisse Nellie derrière lui et s'y rend tout seul en train. Pendant le voyage, le voile bien connu commence à s'assombrir et une fois arrivé il se rend à son hôtel passablement en retard. Dans le hall, il danse en faisant le tourniquet, puis s'arrête subitement pour fixer un détail de la pièce, sans répondre aux injonctions du concierge. En homme stylé, ce dernier lui fait fermement savoir qu'il n'y a pas de place pour lui dans cet hôtel. Monk se rend alors sans un mot au club, où l'attendent son public et un patron anxieux, s'enferme dans sa loge et commence à regarder le mur sans bouger. Lorsque enfin il se décide à monter sur scène, il exécute deux morceaux, puis se lève à la stupéfaction générale et quitte le club. Il réapparaît une heure plus tard, joue deux morceaux, puis sombre dans une prostration dont rien ne semble le distraire. Le public, hypnotisé, se tait et attend. Du temps passe. Ses accompagnateurs embarrassés se retirent en coulisses et le laissent seul assis devant le piano. Du temps passe. Dans un silence sépulcral, il se lève alors et quitte définitivement le club. Il ne va pas bien du tout. Il se rend à l'aéroport et se met à y dériver comme un bateau sans ancre. Il est signalé à la police de l'air, qui comprend en le voyant que cet homme est malade. Il a l'air dangereux pour lui-même et pour autrui. Son mutisme massif est une ombre, une menace : direction l'hôpital.

Il fait partie de ces gens qui errent sans but dans les gares ou les aéroports, comme s'ils caressaient le vain espoir du voyage qui leur permettrait de se quitter eux-mêmes et d'adoucir ainsi leur mal. C'est fréquent ; la police sait quoi faire dans ces cas-là. Il y a une routine que l'on applique et qui dirige le malade, avec toutes les précautions requises, vers un hôpital psychiatrique. À l'arrivée, le cas est expliqué à l'interne de garde qui questionne le patient, sans parfois lui soutirer un mot. L'interne montre alors du doigt l'aile du bâtiment qui leur est réservée et soupire : schizophrène...

Monk restera donc quelques jours dans un hôpital de Boston, en attendant que Nellie, morte d'inquiétude, apprenne la nouvelle par un ami qui avait entendu parler de l'affaire. Bigre ! L'alerte est sérieuse ! Monk atteint la gloire, la reconnaissance, les affaires pleuvent, on se réjouit chez ses proches du tour heureux que semble prendre sa vie... mais en même temps, à intervalles réguliers, il déjante complètement... ses crises semblent de plus en plus sérieuses... il faut en compter au moins deux par an, et puis la fréquence et la durée vont augmenter...

On est forcément tenté de dresser un portrait psychiatrique de Thelonious Monk. Le procédé n'est pas neuf. Les psychohistoriens sont légion, qui ont tenté de classer dans tel ou tel genre de grands artistes du passé. On a cru identifier des signes d'épilepsie chez Van Gogh et Flaubert, Balzac aurait été maniaco-dépressif, Bartók autiste, et Mozart aurait souffert du syndrome de Gilles de la Tourette. Mais on se rend bien compte de ce qu'une telle classification peut avoir d'arbitraire et d'approximatif. Chaque cas est particulier et résiste obstinément à toute forme de généralisation. Certains symptômes sont connus, mais tant d'autres signes restent illisibles... Ce genre de troubles ne peut s'étudier, avec une extrême attention, qu'en clinique, sur un temps très long, avec des résultats tout à fait incertains... Il est donc très délicat de délivrer un diagnostic sans avoir jamais rencontré l'homme en question...

Thelonious est très discret sur le sujet. Lorsque l'affaire de Boston sera connue de tous, il l'assumera avec une pirouette caractéristique :

— On dit que je suis fou. Ce n'est pas vrai, j'y étais, chez les fous, et ils m'ont bien laissé sortir...

Il cache ainsi dans les plis de son humour une réalité de plus en plus fréquente de « séjours de repos » à l'hôpital et de visites de docteurs en docteurs... À partir de 65, ses retraites de plusieurs semaines, voire de plusieurs mois, vont ponctuer ses longues tournées mondiales. On sait que Monk se repose et qu'il ne va pas bien.

Le trompettiste Eddie Henderson était interne au Langley Porter Psychiatric Institute de l'UCLA à San Francisco lorsque, au milieu de l'année 69, il vit arriver à l'hôpital Thelonious accompagné de Nellie ; le pianiste se produisait alors au Both End Club. Le témoignage d'Eddie est précis, professionnel, et nous donne une excellente idée de la routine psychiatrique de l'époque, ainsi que de l'adéquation du pianiste à celle-ci.

Lorsqu'il fut amené à l'hôpital, Monk était engoncé dans son manteau dans un état de prostration totale, comme en catatonie. Seuls mouvements perceptibles : ses yeux, ses dents qui grinçaient affreusement et la main sur laquelle se trouvait la fameuse bague qu'il retournait en poing, paume vers le haut. De temps en temps, il sortait de son mutisme pour illustrer son geste : Monk Know, Monk Know, puis resombrait dans le silence. On lui fait donc passer les tests habituels (Test de Rorschach, Test d'aperception thématique) sans aucune réaction de sa part. Mais le problème, c'est qu'il souffre et qu'il est victime d'une intense agitation intérieure ; les docteurs doivent par conséquent passer à l'étape suivante, qui consiste à administrer au patient des neuroleptiques censés le soulager. C'est là qu'intervient Henderson. De tous les médecins du service, il est le seul à savoir qui est Monk. Il connaît l'effet désastreux sur les malades d'une posologie mal adaptée. Il devine également les habitudes narcotiques de Thelonious et se propose en conséquence de le prendre sous sa responsabilité. D'après Eddie, le neuroleptique en vogue à l'époque était la Thorazine. Une absorption de 50 milligrammes constituait la quantité minimale et son effet devait théoriquement « apaiser » le malade pendant une douzaine d'heures. Devant l'inefficacité de cette dose sur Thelonious, il dit l'avoir augmentée progressivement, pour arriver quelques jours plus tard au plafond autorisé, au-delà duquel la vie du malade est en danger, c'est-à-dire 3 500 mg ! 70 fois la dose initiale ! Et Thelonious venait encore le voir : hey, doc ! Je n'arrive pas à dormir... Tu ne veux pas m'en filer un peu plus ?

C'est ainsi que le trompettiste fut pendant une semaine le chaperon de Monk, autorisé sous cette condition à se produire en ville. Arrivé un soir au club avec ses trois grammes cinq de Thorazine qui lui ronronnent chaudement dans le sang, il s'approche du bar et commande un triple cognac. Il vide le verre, puis retourne dans sa loge où, aimablement sollicité par un admirateur, il s'enfile un gramme de coke dans le nez avant de monter en piste.

C'est alors qu'a lieu la scène que j'ai évoquée plus haut : Monk assis, devant son piano, suant à grosses gouttes, qui enfonce les touches sans produire un seul son. À la pause, il retourne au bar où Eddie est accoudé, sourit sans desserrer les dents et lui dit :

— Bon set, non ?

Chaque soir, le docteur ramenait Thelonious à l'hôpital. Devant le peu d'amélioration de son état, on lui fit un électro-encéphalogramme. Sa lecture n'apporta aucune solution, mais semblait indiquer une très forte et longue absorption de drogues diverses. Le chef de service procéda alors à l'opération suivante, prévue dans certains manuels pour les cas de schizophrénie déficitaire : les électrochocs. Le but de cette opération, d'une extrême violence, est de déclencher artificiellement une crise d'épilepsie dont le malade peut ressortir soulagé. On place donc les électrodes sur Thelonious, et on envoie la sauce.

Thelonious ne bouge pas. Il semble au contraire accroître en densité, comme si cette cruelle stimulation le poussait dans ses derniers retranchements. Il grince des dents. Eddie dit stop. Fin du traitement, on va le tuer.

Monk restera un mois à l'hôpital. La crise s'apaise et il reprend son état « normal ». Sa perception de la réalité, illustrée par des propos toujours angulaires, n'en dénote pas moins un individu alerte et fonctionnel. Classé par la médecine américaine comme schizophrène non répertorié (*unclassified schizophrenia*) et n'étant visiblement pas dangereux, il est remis à la charge de sa femme, qui le ramène à New York. Fin de l'épisode.

L'étau va progressivement se resserrer. À la fin des années 60, Nellie et lui quitteront leur appartement de la 63e Rue, pour s'installer plus au large dans un immeuble moderne à quelques blocs de là. Et puis vers 73, Pannonica propose au couple Monk de s'installer au dernier étage de sa superbe maison du New Jersey : épuisée par des années de soins constants, Nellie accepte avec reconnaissance. Château fort, pont-levis. À l'abri des regards et des tracas du monde, dans une paix devenue indispensable, Thelonious y entame une longue descente dans le puits de sa détresse.

On ramasse Monk dans les aéroports. Il a une « histoire familiale », avec un père que l'on soupçonne d'avoir souffert de troubles mentaux. Ses crises semblent avoir commencé tard dans sa vie, vers vingt-sept ans, et reviennent avec régularité. Il n'a pas fait de service militaire. Devant ce genre de dossier, ajouté à la description qu'on vient de faire, un psychiatre contemporain pourrait se risquer à classer Monk dans le groupe des hébéphrènes, puisque sa schizophrénie ne semble visiblement pas produire de délires (hallucinations, voix), mais apparaît au contraire déficitaire, avec des symptômes comme le repli, l'impénétrabilité. Pour ajouter que l'évolution connue de l'hébéphrénie est l'autisme... Ce serait une forme de rationalisation sur son silence final... Une façon de ne pas s'étonner sans vraiment bien comprendre...

Et puis la consommation massive de stupéfiants brouille les pistes. Monk prend de la dope depuis très longtemps. De tout, indifféremment. Des tranquillisants, de la coke, de l'alcool, du speed (ce qui expliquerait ses veilles de trois jours, suivies d'un effondrement complet), sans doute des acides, quoiqu'il soit un peu vieux pour ça... Je ne le vois pas en accro à l'héroïne, avec l'élastique, la seringue et la cuiller, mais il devait en sniffer quand elle passait... et la mélanger au reste... Ce n'est pas l'homme d'*une* drogue, Thelonious, il a un organisme tellement robuste qu'il supporte des cocktails qui tueraient un bœuf. Et le moins qu'on puisse dire, c'est que cela lui aura attiré de sérieux ennuis.

Dans le New York pseudo libéral et inévitablement raciste des années 40, la drogue offrait un excellent prétexte à tous les flics qui détestaient les Noirs, et plus encore les jazzmen, pour leur rendre la vie impossible. La législation, impuissante à endiguer le développement endémique du crime organisé, avait en revanche une provision fort utile, outre la prison, pour ce genre de cas : la fameuse *cabaret card*. À la moindre incartade d'un musicien, on la lui retirait et il ne pouvait plus se produire dans la ville pour la durée déterminée par le juge. Simple et pratique, il suffisait de coincer le jazzman avec un peu de dope sur lui et le tour était joué. Pourtant, dès cette époque, pionnière comme toujours en la matière, l'Amérique entière se défonçait : *uppers, downers, smack, coke, booze*... Lorsqu'il a atteint une certaine reconnaissance sociale, l'Américain peut accéder, avec une légitimité acquise, au monde des paradis artificiels. Médecins, avocats, comédiens, businessmen, politiciens, tous ont leur petit placard secret où dort sur une étagère la promesse d'extase passagère ou de vie parallèle. Mais pas pour le musicien... ce serait trop facile...

Dès 48, on coince Thelonious avec un joint sur lui : un mois de retrait. Pas étonnant qu'on ait du mal à savoir ce qu'il faisait à cette période. Puis, trois ans plus tard, en 51, c'est le coup dur. Les témoignages relatifs à cet incident sont assez différents et, à part le flic qui les a serrés, les protagonistes de cette affaire se sont montrés plutôt énigmatiques. Ce qui semble sûr, c'est que Bud et Monk se sont fait arrêter en voiture et qu'au moment où le policier s'approchait des deux hommes, Thelonious aurait lancé un paquet d'héroïne par la fenêtre pour éviter de se faire prendre avec. Seulement quand on sait que le mois d'avant Bud s'était fait entortiller par une agente en civil qui l'avait supplié de lui vendre un joint afin de le prendre en flagrant délit de vente de stupéfiants, on se doute qu'il y a derrière cette petite performance des coulisses pas très propres.

En tout cas, cette fois-ci, ça l'a mené tout de suite en tôle pour deux mois ferme. Deux mois ferme ! On connaît Thelonious et on imagine la prostration dans laquelle il fut plongé. Il a une femme et un bébé, un métier qu'il s'applique à faire du mieux qu'il peut et le voilà étiqueté criminel, dangereux pour la société et enfermé comme tel. Et puis, à sa sortie, la bonne surprise : presque six ans de retrait de sa *cabaret card* — il est récidiviste. Interdit de jouer en ville et de gagner son pain. Ce n'est pas grave, Monsieur Monk, vous n'avez qu'à vous trouver un boulot de gardien de nuit ou de groom d'ascenseur, qui conviendrait beaucoup mieux à votre situation. Laissez donc ces chimères de jazzman et reprenez votre place, que vous n'auriez jamais dû quitter. 51-57 : la fin de son contrat Blue Note, toute son aventure chez Prestige et le tiers de son travail pour Riverside ; pendant tout ce temps, Thelonious est condamné au silence. Pas le droit de jouer en public.

Et ce n'est pas fini : un an après avoir

récupéré sa carte, en automne 58, Monk, Rouse et la Baronne sont en route vers Philadelphie. Dans un petit patelin du Delaware, Thelonious descend de la Bentley pour boire un verre dans un motel. Mais dans le Delaware, un gros Noir debout qui ne dit rien, cela fait peur, et puis on n'aime pas beaucoup les Noirs de toute façon, alors qu'est-ce qu'on fait ? On appelle la police, bien sûr. Qui accourt sans tarder et trouve Monk au volant de la Bentley. De la Bentley ? Ça roule en Bentley, un Noir ? Ça m'étonnerait ! Chef, j'en tiens un qui a volé une voiture ! Venez vite, il n'a pas l'air commode, j'ai l'impression qu'il est dangereux ! Menottes, coups de matraque, résistance à agent, qu'est-ce qu'il y a dans la voiture, tiens tiens de la marijuana, vite au poste. Tout ça pour un verre. Verdict : deux mois ferme, deux ans de retrait de *cabaret card*. Ça commence à bien faire. Or, il se trouve que cette fois-ci, la Baronne est là. Elle a de l'entregent, de la surface sociale comme on dit, tout ce réseau qui fait si cruellement défaut aux musiciens de jazz. Ses avocats ont donc vite fait de mettre en pièces les accusations retenues contre Thelonious. Quatre mois plus tard, le non-lieu est prononcé. Le coup est passé près et le pianiste ne doit son salut qu'au fait qu'il est maintenant, par ses appuis, par son prestige de musicien, un trop gros poisson pour un petit flic.

Mais on peut dire désormais que la drogue imprime sur son destin une marque indélébile. Arrivera un moment où les inconvénients professionnels de cette consommation seront minimisés par son immense succès : laissez, c'est Thelonious Monk, le grand pianiste de jazz. Il y aura finalement eu accès, à ce statut social qui le situe au-dessus des lois. Mais un démon s'éveille quand l'autre s'assoupit et c'est son psychisme qui semble maintenant payer le tribut de cette accoutumance, à tel point qu'on ne sait même plus *quelle* drogue lui donner pour le soulager.

Les narcotiques ont-ils joué un rôle de déclencheur dans les troubles mentaux de Monk, ou au contraire de pansement sur une plaie qui s'ouvrait toujours plus, le poussant vers l'isolement total ? Qui pourrait prétendre le savoir ? Et puis, quelle est la simple part d'*amertume* dans son retrait du monde ? L'amertume d'être noir, et d'avoir été pour cette raison considéré comme un être humain de seconde classe ? L'amertume d'être resté trop longtemps incompris par un monde avide de vérités toutes faites et de demi-mensonges ? D'avoir été obligé de mener jusqu'au bout de ses forces morales une vie d'artiste itinérant, ballotté de ville en ville comme un ours de foire, dans des contextes de moins en moins appropriés ? De s'être vu lâché par son dernier label qui, au lieu de gérer sagement son patrimoine de grand homme, l'a pressé comme un citron, pour le rejeter ensuite ? Il aura mené une vie épuisante, une grande, une belle vie. Après tout, pourquoi faudrait-il mourir au travail ? On comprendrait aisément qu'il ait droit au repos...

Non. Pas de repos. Privé désormais de cet immense appétit vital qui a illuminé sa vie, il ne peut résister au courant qui l'emporte : Monk attend sa mort.

13

La mort

Depuis le début, la mort habite chez Monk. Elle est juchée sur son épaule, comme le démon de Socrate, et le pousse à jeter toujours plus loin les filets de son esprit. Elle le bouleverse, l'obsède. Il la voit à l'œuvre autour de lui, frappant de grands esprits de la musique. Charlie Christian, qui meurt tuberculeux, comme une bougie qu'on souffle, à vingt-cinq ans. Shadow Wilson, son batteur préféré après Blakey, poussé sans doute dans un escalier de métro pour des raisons crapuleuses. Charlie Parker, les veines brûlées par le poison. Billie Holiday, détruite de douleur. Oscar Pettiford, noyé dans l'alcool. Et puis pour une deuxième fournée quelques années plus tard, Coltrane, le foie rongé par le cancer. Bud, son frère, dont le destin intime est si semblable au sien. Bud, qu'il poussait à ses débuts sur scène en disant que si le petit ne jouait pas, lui ne jouait pas non plus. Bud qui, d'un simple coup de matraque reçu quand il s'interposait entre Thelonious et un flic, a basculé prématurément dans un monde de souffrances, trimbalé d'hôpital en club, exilé en France où il tentera sans succès de retrouver le goût de vivre et de jouer. Bud le génie, qui a marqué la musique de son sceau, aussi profondément que Monk l'a fait ; Bud le fragile, dans sa prison de verre, qui n'a pas la rage de Blakey ou l'arrogance de Miles. Bud que Monk porte en terre avec un regret sans nom... Tous les vieux potes, Denzil Best, Coleman Hawkins, Elmo Hope, Joe Guy... Et dans sa famille, sa mère, mais aussi son neveu Ronnie Son père, dont il apprend le décès à quelques pas de chez lui sans même l'avoir vu vivre... La mort l'accompagne et lui parle ; elle ajoute à sa compréhension du temps une donnée essentielle et lui intime de la regarder en face...

Exempt de vanité, il ne voit pas en demain un jour meilleur qu'aujourd'hui, ni un pire : hanté par la perfection de sa musique, il n'a de souci que de l'achever au plus vite. Ce qu'il fait fort jeune ; à trente ans, les dés de son destin sont déjà jetés. Le reste, le temps le fait. Sa fréquentation intime de la mort lui donne un détachement dont on ne finit pas de s'étonner. On a presque l'impression que Monk regarde sa vie passer. Sans emprise sur son époque, il attend que celle-ci s'éveille à sa musique, peiné dix ans plus tard qu'elle s'en détourne. Cette suprême indifférence au temps des autres hommes, on la voit tous les jours, elle fait partie de son être, de sa musique : ses retards aux concerts sont fameux, mais ne peuvent irriter un public qui sait qu'il ne s'agit pas d'une insulte, mais d'une nécessité. Et quand il se met au piano, qui peut prétendre être comme lui aussi *libre du temps* ?

La spécificité d'un jazzman est identifiable avant tout à son expression du temps dans la musique. Il y diffuse une pulsation personnelle qui se reconnaît entre mille. McCoy Tyner est devant le temps, Hank Jones dessus, Herbie Hancock dedans, Dexter Gordon derrière, chacun son rythme, chacun sa voix. Mais Monk est partout à la fois. Sa maîtrise du temps semble telle qu'on l'en croit affranchi. Et le silence dont il use avec tant de finesse n'est pas vraiment un suspense, comme c'est le cas pour cet autre maître du sous-entendu qu'est Ahmad Jamal, ou une suprême et minimale élégance comme chez Basie, c'est au contraire une nécessité, dont l'évidence éblouit quand on l'entend. Non, ce silence n'est qu'une partie seulement, frappante parce qu'elle est singulière, de l'ensemble de sa musique. C'est un outil de création, une sorte de phénomène audible et quantifiable qui révèle un projet beaucoup plus rare, beaucoup plus risqué : celui d'*inventer le temps*. Le saxophoniste Wayne Shorter disait très justement que, lorsqu'on écoute un disque chez soi, celui-ci meuble la pièce et *occupe l'espace* aussi sûrement qu'un escalier ou du papier peint. On pourrait ajouter que quand on met un disque de Monk c'est le temps aussi qui s'arrête et se reforme sous ses doigts.

Mais ce jeu essentiel a un prix : celui de défier la mort. Comment, pour tutoyer le temps avec autant d'intimité, Monk aurait-il pu éviter de contempler sans relâche le gouffre de sa négation ? Le Temps et la Mort sont indissociablement liés, et l'un sans l'autre ne peut se concevoir : qu'est-ce qu'une durée si elle n'est pas finie ? Et qu'est-ce qu'une fin si elle n'achève une durée ? Oui, j'entends la Mort dans la musique de Monk, mais non pas sous des couleurs macabres, bien au contraire : sous la forme d'un dialogue très ancien, très primitif, très puissant... Une forme d'éternel combat, mené chaque instant au corps à corps, et dont l'enjeu sans cesse s'éteint et se renouvelle... je devine à travers Monk une immense lignée d'esprits dont il serait l'imposante réincarnation. Homme-statue, il semble contempler le passé comme l'avenir avec la certitude d'avoir son destin scellé depuis des millénaires. Sa famille, c'est le monde, c'est l'histoire, et sa vie l'enchaîne à ce mystère. Et c'est quand, usé par ce combat, il renoncera à en sortir vainqueur, que la mort resserrera un peu plus son étreinte pour l'étouffer lentement.

Cloîtré chez la Baronne, Monk mettra un temps infini à mourir. En proie au dialogue le plus ancien et le plus terrifiant que puisse mener un homme, il semble dégagé du temps ; comme si chaque heure passée en silence dans sa chambre pesait une seconde ou un siècle. Six ans, assisté par sa femme et visité par ses enfants, qui s'écoulent dans l'attente de sa fin. Six ans sur un lit, sur une chaise, debout près de la porte, dans une indifférence totale pour le monde qui l'entoure. Barry Harris, qui bénéficiait également à l'époque de l'hospitalité de Nica, se souvient encore de la terrible densité de Thelonious, dont le pouvoir s'étendait autour de lui comme un trou noir dans lequel viennent s'engouffrer, l'une après l'autre, des milliers d'étoiles. On prétend même qu'immobile dans une pièce, irrité dans son mutisme, il fermait sans lever le petit doigt une porte ouverte à vingt pas... Très rarement, on entendait le piano résonner sous les accords de *What is this thing called love* ou de *My ideal*. Puis Monk refermait les voiles de son silence, et hantait par sa seule présence la maison tout entière.

Sur la fin des années 70, serait-on invité chez Nica à dîner que l'on serait tenté de gravir les quelques marches qui séparent le salon de cette chambre où l'on sait que périt lentement un emmuré vivant ; on entrouvrirait la porte et on verrait une silhouette debout, dont on devinerait obscurément qu'elle vous tourne le dos. New York à travers les fenêtres brillerait de son fébrile éclat. L'espace de la pièce, figeant en un instant tout ce qui respire, deviendrait soudain dur comme du ciment. Cinquante mélodies se mettraient à glapir dans l'obscurité, effrayant vacarme contraint à l'absolu silence. Chaque geste deviendrait périlleux, capital. Au bas de l'escalier, le bruit des conversations parviendrait à ce tombeau comme un fil très ténu, qui ne demanderait qu'à se rompre. On voudrait deviner un infime mouvement de l'épaule de cette ombre, mais elle resterait immobile, minérale.

Mû par un dernier souffle, on fermerait la porte.

Thelonious Monk s'éteint d'une hémorragie cérébrale le dix-sept février 1982.

DU MÊME AUTEUR

Aux Éditions Gallimard

MONK, coll. « L'Arpenteur », 1996 (Folio nº 3009). Prix Charles-Delaunay 1996 et prix Pelléas 1997.

Aux Éditions Grasset

LES FOUS DU SON : D'EDISON À NOS JOURS, 2016.

Tous les papiers utilisés pour les ouvrages
des collections Folio sont certifiés
et proviennent de forêts gérées durablement.

Composition Euronumérique
Impression Grafica Veneta
à Trebaseleghe, le 8 octobre 2023
Dépôt légal : octobre 2023
1er dépôt légal dans la collection: avril 2017

ISBN : 978-2-07-274354-2./Imprimé en Italie

625673